Gallmeister

MATTHEW McBRIDE a longtemps vécu dans une ferme du Missouri avec un taureau nommé Hemingway. Il s'est mis à écrire au cours des treize années qu'il a passées à travailler à la chaîne pour Chrysler. *Franck Sinatra dans un mixeur* est son premier roman traduit en français. Il est également l'auteur de *Soleil rouge*.

Frank Sinatra dans un mixeur

Matthew McBride, jeune auteur du Missouri, signe un irrésistible premier roman déjà culte aux États-Unis.
LE FIGARO MAGAZINE

Ce roman aussi échevelé que réjouissant et drôle n'a qu'un défaut : celui de nous rendre attachant un type pas franchement fréquentable.
LA CROIX

Un polar pervers, violent, aussi philosophique qu'hilarant, dont on savoure la cruauté avec un plaisir condamnable.
L'ALSACE

Un cocktail explosif : esprits sensibles, détournez les yeux !
LA PROVENCE

Pas mal d'humour, une galerie de personnages tous plus dingues les uns que les autres, on ne s'ennuie pas.
MONACO HEBDO

Matthew McBride fait passer Mickey Spillane pour du Barbara Cartland.
SCOTT PHILLIPS

J'ai été accro. Et j'ai eu ce frisson de me sentir en présence de quelque chose de spécial.
KEN BRUEN

DU MÊME AUTEUR

Soleil rouge, 2017

Matthew McBride

FRANK SINATRA DANS UN MIXEUR

Roman

Traduit de l'américain
par Laurent Bury

Gallmeister

TOTEM n°133

Titre original : *Frank Sinatra in a Blender*

Copyright © 2013 by Matthew McBride
All rights reserved

© Éditions Gallmeister, 2015, pour la traduction française
© Éditions Gallmeister, 2019, pour la présente édition

ISBN 978-2-35178-713-7
ISSN 2105-4681

Illustration de couverture © Sam Ward
Conception graphique de la couverture : Valérie Renaud

*Pour Charlie Sheen,
parce qu'il a gagné*

L'alcool peut être le pire ennemi d'un homme,
mais la Bible nous dit d'aimer nos ennemis.
                                  FRANK SINATRA

Je me garai dans l'allée devant chez Norman Russo alors que le soleil se laissait entraîner par la gravité et que le soir tombait. De flamboyantes bandes orangées et roses s'évanouissaient dans le ciel mort, derrière la cabane à outils du voisin, qui avait désespérément besoin d'un coup de peinture.

Je laissai tourner le moteur de la Ford Crown Victoria le temps de finir de boire, et je posai le gobelet en polystyrène à côté du fusil à canon court fixé au plancher. Je plaçai un OxyContin 20 milligrammes au milieu d'un billet d'un dollar que je repliai serré, et je réduisis le comprimé en poudre avec le bord rond d'un Bic.

Je frottai le papier entre mes doigts pour le broyer aussi fin que possible.

Une rafale de vent percuta la voiture sur le côté et la fit trembler. Je regardai autour de moi. Il y avait deux bagnoles de police vides garées devant moi, et un flic qui s'allumait une cigarette sous le porche de la maison.

Je récupérai la poudre et roulai un autre billet, puis je me baissai pour inhaler une ligne longue comme la moitié du manuel d'entretien d'une Crown Victoria modèle 1997.

Quand l'Oxy commença à faire son effet, des larmes me vinrent dans l'œil droit. Je reniflai fort et pris une nouvelle rasade de gin. J'ouvris ma portière et le vent froid me scia les os jusqu'à la moelle. La motivation chimique me purifiait les nerfs tandis que le monde explosait dans ma tête et me repeignait l'esprit aux couleurs d'un enthousiasme brut.

Norman Russo avait bien choisi sa journée pour se tuer. Il faisait un temps de merde et il n'y avait rien à la télé. Je ne la regardais pas tant que ça moi-même. J'avais mieux à faire. Boire, par exemple.

J'adressai un signe de tête au petit jeune qui montait la garde à la porte, comme si j'étais une huile. Le truc fonctionna. Il me rendit la pareille. J'aurais dû prendre mon gobelet avec moi.

La maison était propre, on sentait que les habitants avaient de l'argent. Une belle baraque dans un quartier chic, parfaitement entretenue, à part la cabane à outils dont la peinture s'écaillait. Un flic prenait des photos du portail avec un appareil numérique. Je remarquai qu'il n'y avait pas d'alarme.

Un autre flic demanda qui j'étais. Je répondis que j'avais été convoqué par le commissaire et qu'ils auraient dû s'attendre à me voir arriver.

— Valentine ?

Je hochai la tête

— Par ici.

Il désigna une volée de marches surmontée d'un trou creusé dans la cloison. Le tapis de l'escalier était jonché d'éclats de bois arrachés à la barre où Norman Russo avait l'habitude de se suspendre pour sa gymnastique.

Apparemment, la victime s'était tuée dans l'escalier. Pas l'endroit que j'aurais choisi de préférence.

— Descendez, cria une voix depuis la cave.

Un troisième flic passa près de moi dans le vestibule comme si j'étais invisible. Ça ne leur plaisait pas trop, que le commissaire Caraway m'ait demandé de venir observer les lieux.

En descendant la première marche, une allégresse imprévue se mit à crépiter en moi alors que l'Oxy envahissait mon organisme. Je m'arrêtai à mi-chemin de l'escalier pour regarder de plus près la lettre d'adieu épinglée au mur avec une punaise jaune. Les pattes de mouche étaient difficiles à lire, comme si le mot avait été écrit à la hâte.

J'entendis une voix familière et, en me retournant, aperçus Dan O'Shea, inspecteur chevronné que je connaissais depuis des lustres.

— T'en penses quoi, Nick?

Les épaules larges et la poitrine en béton de Dan reflétaient son premier métier : boxeur.

Je déglutis et tressaillis pendant qu'un reste d'Oxy se traînait dans mon gosier, puis je lui répondis que c'était la plus marrante de toutes les lettres d'adieu que j'avais lues.

O'Shea se tenait sur le pas de la porte, perplexe.

— Putain, c'est pas la chose à dire.

Je baissai les yeux vers la masse humaine inerte sur la dernière marche et haussai les épaules. Je dis à O'Shea que le défunt n'avait peut-être tout simplement pas d'orthographe. Il secoua la tête et chercha une réponse qui ne vint jamais.

Il était difficile de croire qu'un homme de cent trente kilos se serait pendu d'une poutre dans l'escalier de sa cave avec une corde qui n'avait pas l'air assez solide pour soutenir une *piñata*. Quand je m'approchai du corps, le cou de Russo avait bien l'air cassé. Mais il y avait en haut de la colonne vertébrale des ecchymoses qui ne venaient pas d'une corde. Je m'y connaissais en cordes. On aurait dit que quelqu'un lui avait frappé le dos et la nuque avec une batte. Je m'y connaissais aussi en battes. Je savais de quoi était capable une Easton en aluminium entre les mains d'un batteur doué.

Partant d'une lettre d'adieu manuscrite qui ne tenait pas debout, la scène de crime m'inspirait des soupçons solides et inébranlables.

Je sortis par la porte du sous-sol et me retrouvai dans les derniers rayons d'un soleil battant en retraite. Le vent glacé suscita en moi des envies de café chaud, mais j'avais arrêté. La pensée du café me donna des envies de cigarettes, mais ça aussi j'avais arrêté. En fait, c'est à cause des cigarettes que j'avais arrêté le café ; je n'envisageais pas l'un sans l'autre. C'est tout ou rien, pour un type comme moi. Un type qui apprécie les lettres d'adieu marrantes.

Une fois reparti, je me mis à penser à ce que je venais de voir et aux éléments qui ne collaient pas. Ça avait commencé par le coup du fil du commissaire me demandant d'aller y jeter un œil. Il ne pouvait pas y aller lui-même et il voulait y envoyer un regard expérimenté auquel il pût se fier.

Maintenant que j'avais vu ces connards à l'œuvre, je comprenais pourquoi.

J'avais été flic à une époque, et j'aimais ça, mais le boulot ne m'aimait pas. Malgré tout, j'avais gardé des relations et les gens bien placés m'appréciaient. Un détective privé peut gagner assez d'argent pour s'en sortir tant que les gens continuent à se violer, à s'arnaquer et à se tuer les uns les autres. Ces derniers temps, ce n'était pas le travail qui manquait.

Quand j'eus regagné mes locaux en fin d'après-midi, je pris une Corona froide et posai mes pieds sur le bureau. Le thermostat était bloqué sur CHAUD et un ventilateur m'envoyait à la figure de l'air brûlant avec à peine assez de force pour me soulever les cheveux. La pièce était étouffante, mais j'hésitais à ouvrir les fenêtres. Dans ce quartier, on ne sait jamais qui pourrait prendre une fenêtre ouverte pour une invitation à s'introduire chez vous.

Je jetai la bouteille vide dans ma corbeille à papier en alu, et le reste de mousse gicla et retomba sur une des crottes de Frank Sinatra. Redescendre dans la rue demandait trop d'effort. Parfois je laissais Frank faire ses besoins à terre.

Frank Sinatra était mon yorkshire terrier, mi-yorkshire, mi-quelque chose d'autre. Je n'avais vu sa mère qu'une fois ; c'était une yorkshire. Le père était un chien errant qui ne se pointait que lorsqu'il flairait l'odeur de la mère. Frank était un bâtard comme moi.

— Ramène-toi, Frank.

Frank dormait sur le dos, les quatre fers en l'air, satisfait de cette vie de siestes non programmées que seul un chien peut connaître.

— Frank, dis-je, avant de siffler.

Ses oreilles se dressèrent. Il roula sur le côté et s'approcha, guidé par le son de ma voix, avant de comprendre ce qui se passait. Il freina de toutes ses forces, glissa sur le carrelage bon marché, et rebondit en percutant le bas de mon fauteuil. Il fit quelques pas gauches et somnolents sur le côté, puis éternua.

Je me tapotai la cuisse et Frank bondit sur mes genoux, réussissant à se poser en plein sur mes couilles, comme toujours.

— Putain, Frank !

Frank s'en foutait. Il sautillait, grognait et se léchait les babines.

Je pris une Corona dans le mini-frigo que j'avais à portée de main et l'ouvris avec le décapsuleur fixé à mon bureau. Je fis tout ça avec élégance.

Frank redescendit à terre et se mit à tourner autour de mon fauteuil, trébuchant sur un des pieds mais réussissant à se rattraper avec un sens extraordinaire de la coordination.

Je regardai une petite giclée de bière s'échapper par le goulot et ruisseler sur le côté, enlaçant le verre. J'inclinai lentement la bouteille et laissai la bière se répandre dans ma bouche.

Je pensai au cadavre en bas de son escalier. Au type qui n'avait pas d'orthographe.

Personne n'abandonnait une vie comme celle-là sans une raison meilleure que ce que suggérait son message. Je ne pouvais pas croire que Norman Russo eût été assez malin pour diriger une banque, mais assez bête pour se pendre dans un escalier en attachant une mauvaise corde à une poutre fragile. Tout ça ne collait pas. Sans parler du mot annonçant à sa future ex-femme qu'il lui léguait le pas-très-moine.

Norm n'avait pas de pas-très-moine.

C'est son *patrimoine* qui était au cœur de son divorce houleux. Mais quand même.

Personne ne se tue pour un pas-très-moine.

En tout cas, c'était mon avis. Je jetai la bouteille vide dans la poubelle, où elle heurta bruyamment l'autre mais sans se casser. C'est un mérite qu'il faut leur reconnaître, chez Corona : ils savent fabriquer des bouteilles solides. Je le sais, j'ai frappé des gens avec.

Les petites griffes de Frank faisaient *clic clic clic* sur les dalles cassées et il se débattait avec la languette de son jouet favori : une Converse vert décoloré plus grande que lui. Il partit à reculons, traînant à travers la pièce la chaussure en lambeaux.

Quand j'ouvris mon tiroir du bas, Frank s'immobilisa soudain. Ses petites oreilles velues pointèrent en l'air et sa gueule s'entrouvrit juste assez pour laisser voir quelques dents. Frank connaissait le bruit du tiroir et savait parfaitement ce que cela signifiait pour lui. Il se figea. Il devinait qu'il allait se passer quelque chose, mais il voulait en être absolument certain avant de mobiliser l'énergie nécessaire à courir. Il tourna la tête sur le côté pour enquêter.

Agitant la queue de gauche à droite, Frank émit quelques grognements joyeux. Il était prêt pour son petit déjeuner.

Pour puiser ses croquettes dans le sac, je me servais d'une canette de Bud Light dont j'avais découpé le haut. J'eus beau chercher des yeux, je ne voyais pas sa gamelle. Il aimait la cacher dans son coin. Parfois, je me contentais de déposer sa bouffe dans sa chaussure.

Ses quatre pattes s'agitèrent et ses griffes cliquetèrent. Puis il produisit son aboiement sérieux, celui des grandes occasions. Frank partait en mission croquettes et son ventre gargouillait. Il aurait voulu avoir déjà le nez dedans. Je lui déposai simplement sa pitance par terre, au même endroit que d'habitude quand il n'apportait pas sa chaussure.

Complètement surexcité, il fonça tête baissée et la nourriture s'éparpilla dans tous les sens, comme si une grenade à main pleine de croquettes pour chien venait d'éclater. Puis il ramassa quelques beaux morceaux et se dirigea vers son lieu favori de l'autre côté de mon bureau, là où le carrelage rencontrait la vieille moquette usée et sale qui n'avait pas vu l'aspirateur depuis le jour où j'avais commencé à payer le loyer.

Je pris ma troisième bouteille dans le mini-frigo et j'inclinai mon fauteuil aussi loin que possible en arrière. J'avais envie d'une cigarette, mais je savais que j'étais plus fort que ça. J'ôtai ma capsule, la laissai tomber dans la poubelle et vidai la moitié de la bière avant que Frank ne revienne grappiller des croquettes. Je pourrais peut-être m'en tirer comme ça pour le reste de la soirée. Je consultai l'horloge et m'aperçus que la pile était morte.

Il fallait juste que je ferme les yeux un instant pour reprendre mes forces, mais je me réveillai quand la bouteille tomba à terre et roula sous le bureau. En bon agent de nettoyage, Frank ne perdit pas de temps et se rua sur la flaque comme l'alcoolique qu'il finirait par devenir. Après quoi je dérivai dans un sommeil sans rêve, laissant mon chien vaquer à ses tâches de nettoyage.

Telly se réveilla sur le canapé en entendant vibrer son téléphone sur la table basse en verre sans vouloir décrocher.

Pourtant il allait le faire, il n'avait pas le choix. L'homme pour qui il travaillait n'était pas du genre à laisser un message.

Telly jeta un coup d'œil au téléviseur et vit une belle paire de nichons qui l'aidèrent à rassembler ses esprits. Puis deux paires de nichons. Des filles se mirent à s'embrasser et Telly se redressa.

— Ouais ? dit-il dans son portable.

— Putain, il était temps, trouduc. Je t'ai appelé toute la nuit.

C'était Bruiser, évidemment.

— Eh, tu dors encore, mec ?

Son accent new-yorkais semblait artificiel et travaillé.

D'autres nudités apparurent à l'écran tandis que Telly se rapprochait de la table basse pour chercher la télécommande. Les filles étaient maintenant entièrement nues et une blonde à nattes s'apprêtait à faire une gâterie à la brune à hauts talons.

— Eh, écoute, enfoiré, continua Bruiser. Aujourd'hui, c'est un grand jour, tu sais ?

L'attention de Telly était accaparée par la télé. Un type armé venait d'entrer dans la pièce et d'abattre les deux filles nues. Telly tressaillit. Quelle merde était-il en train de regarder ?

— Ouvre tes oreilles, j'vais pas tout répéter. Je monte et je viens te buter.

— OK, OK, dit Telly. Tu montes ? Comment ça, tu montes ? T'es en bas ?

— Bien sûr que je suis en bas, répondit Bruiser. Regarde par ta fenêtre, putain.

Bruiser parlait avec son habituelle voix de branleur.

Telly traversa le salon et jeta un coup d'œil à la vitre. Il vit Bruiser adossé à sa Cadillac. Le portable dans une main, une cigarette dans l'autre.

Telly lui fit signe et Bruiser dit :

— Descends ici, espèce de camé, on a des trucs à faire.

— Il est quelle heure ?

— L'heure d'aller bosser, feignasse. Descends, je te dis.

Telly ferma son téléphone et retraversa le salon. Sur l'écran de la télé, le tueur était en train de manger un sandwich.

Il faut avoir des sacrées couilles pour braquer une banque avec une camionnette de boulanger. On passe inaperçu, mais on n'est pas près de pouvoir semer qui que ce soit. Telly était au volant avec un scanner radio dans une main, un transistor dans l'autre, et sur la cuisse le coin d'un sachet rempli de poudre d'un blanc rosâtre. Il posa le scanner sur le tableau de bord et défit l'attache en fil de fer qui fermait le sachet, la retint entre ses dents. Tapotant d'un doigt, il renversa un peu de speed sur une écritoire à pince en plastique marron. Il renoua le fil de fer bien serré avant de glisser le sachet de drogue dans la poche de son jean.

Telly réduisit les cristaux en fine poudre, puis divisa le tas en deux rails épais. Il tira une petite paille de la poche de sa chemise et posa l'écritoire sur la console centrale. Il rassembla ses esprits et savoura l'instant précédant la prise. Il baissa la tête, trouva la bonne position et inspira par le nez un puissant mélange d'éphédrine, d'éther et d'ammoniac anhydre. Il renifla fort, se redressa sur le siège et se pinça les narines au maximum. Il goûta la brûlure urticante qui lui parcourut les voies nasales à la vitesse de l'éclair jusque dans l'arrière de la gorge.

— C'est de la bonne came! Oh, c'est de la bonne came! De la bonne came! marmonna ensuite Telly.

Maintenant que ses pensées étaient libres de vagabonder à leur guise, son esprit explorait des destinations imprévues et euphoriques. Il se mit à songer à la véranda qu'il construirait à l'arrière d'une maison devant laquelle il passait tous les jours et qu'il rêvait depuis toujours de posséder. Si seulement il avait de quoi acheter cette maison. Et si un jour il l'achetait, il savait exactement comment il y rattacherait cette véranda à l'arrière. Ou peut-être possédait-elle déjà une véranda.

Il fut tenté de tout laisser tomber et d'y aller tout de suite, juste pour vérifier.

Si seulement la maison était à lui, alors il pourrait construire cette véranda. Les gens viendraient faire la fête – barbecue, bière, jeu de fer à cheval, piscine – tout ça dans le jardin d'une maison dont il savait que, d'une manière ou d'une autre, elle finirait par lui appartenir.

Putain, qu'est-ce qu'il aimait la méth! Une drogue éclairante, sans défauts. Il n'en fallait qu'un rail pour que toutes ses pensées paraissent s'éclaircir dans sa tête.

Il avait vraiment envie de voir l'arrière de cette maison. Il avait besoin de savoir s'il y avait déjà une véranda. Auquel cas il serait obligé de revoir entièrement tout cet enchaînement de pensées irrationnelles.

Le bruit du scanner l'obligea à sortir de son monde intérieur. Des flics arrivaient. Quelqu'un devait avoir déclenché l'alarme.

— Appel lancé, appel lancé! hurla-t-il dans le talkie-walkie.

Pour toute réponse, il n'obtint que des grésillements d'électricité statique. Puis des coups de feu.

— Putain!

Telly donna un coup de poing sur la console, mais en veillant à ne pas renverser de méth. Même en pleine panique, préserver la came restait une priorité.

Pop pop pop! Telly sursauta, pris au dépourvu, tandis que des balles perforaient le côté de la camionnette, le soleil de l'après-midi soulignant la poussière qui tournoyait dans l'air.

— Oh putain!

Telly alluma le moteur et embraya.

Il regarda par la vitre et vit Bruiser courir à toutes jambes vers lui. Un garde de sécurité était en train de lui tirer dessus pour de bon. Telly mit les gaz et ouvrit la portière, et Bruiser sauta dans la camionnette, mais pas avant de s'être pris deux balles fumantes dans le dos.

Il s'écroula sur le siège et mourut avant que Telly ait pu atteindre le feu rouge.

Une quatrième balle vint se ficher à l'arrière de la camionnette. Telly contourna une voiture tout en changeant de vitesse, sa main droite allant du levier à la bandoulière de l'énorme sac de voyage que Bruiser portait en écharpe sur l'épaule gauche. La portière était encore ouverte et Bruiser était sur le point de tomber du véhicule.

Telly allait quitter la chaussée et devait à tout prix redresser sur la gauche. L'aiguille du compte-tours s'affolait ; il devait changer de vitesse. Telly cessa d'appuyer sur la pédale, il tira le sac vers lui, lâcha puis écrasa l'embrayage, se saisit du levier de vitesses et passa en quatrième.

Une Neon vint lui couper la route, et Telly percuta le panneau de custode en plastique minable avec le pare-chocs en acier de la camionnette pour l'écarter de son chemin.

— Putain ! cria Telly. Regarde où tu vas, bordel !

Il finit par détacher le sac de l'épaule de Bruiser, le serra de son mieux, puis il manœuvra le lourd volant de toutes ses forces vers la gauche.

Lorsque la camionnette fit une embardée, Bruiser bascula sur la droite et disparut par la portière ouverte. Son corps atterrit sur l'accotement en asphalte crasseux de Peacock Street comme une motte de terre.

Des voitures klaxonnèrent et Telly vit dans le rétroviseur un camion rouler sur le corps de Bruiser. Il grimaça. Désolé, Bruiser. Mais il n'était pas désolé. Bruiser était un salaud. Maintenant qu'il était tout à coup hors circuit, la chance allait pouvoir tourner pour la première fois dans la vie de Telly. Il garderait tout le fric pour lui et s'installerait dans une autre ville. S'achèterait une belle grande maison avec une jolie véranda à l'arrière.

Il avait esquissé le plan dans ses grandes lignes, mais il avait besoin de temps pour réfléchir. La méth et l'adrénaline parcouraient son organisme comme deux types de combustibles pour fusée, et le type furieux dans sa Neon le talonnait toujours, klaxonnant avec son avertisseur minuscule.

Telly n'avait plus que deux pâtés de maisons à parcourir. Deux pâtés de maisons jusqu'à la Buick, jusqu'à la possibilité de larguer la camionnette de boulanger. La Neon continuait à lui coller au cul et à attirer bien trop l'attention.

Telly trouva la ruelle et prit un brusque virage à droite, puis il plaça la camionnette de travers de manière à bloquer le passage. Le temps qu'il attrape le sac, le type de la Neon était déjà là à marteler la portière en hurlant qu'il allait lui casser la gueule.

OK, d'accord. Telly tira un revolver de sa ceinture et le pointa à travers la vitre sur la coupe mulet du conducteur de la Neon.

— Monte à l'arrière, enculé.

— Hein ? Ouh là, pardon, mec. C'est sûrement moi qui étais en tort, de toute façon.

Le type de la Neon leva les mains en l'air et tenta de reculer, soudain prêt à oublier toute cette histoire.

— Putain, pour sûr que t'étais en tort, pauvre tache, éructa Telly. T'as fait marche arrière juste devant moi !

Telly sortit en agitant son arme, jouant les plus durs qu'il n'était. Il dit au type de la Neon de monter dans la camionnette et de se mettre à l'arrière.

— T'es foutu, mec. Maintenant, tu m'as vu.
— Mais non, tout va bien. Écoute, c'est pas grave, si ma bagnole a un gnon. C'est qu'une Neon.

Telly sourit, dévoilant ses dents en or.

— Monte dans le camion tout de suite, tête de nœud. T'en fais pas, tout ira bien.

Le type de la Neon finit par monter, avec sa coupe mulet et ses tatouages minables.

— J'ai mon gamin dans la voiture, mec. *S'il te plaît.*

Sa voix résonnait à l'arrière de la camionnette, rempli d'étagères de pains rassis auxquelles s'ajoutait désormais un témoin tremblant.

Telly jeta un coup d'œil à la Neon et vit un siège où une minuscule silhouette était attachée. Il se retourna et regarda la coupe mulet.

— Ouais, il est mignon. Tout le portrait de son père.

Telly leva le revolver et lui tira deux balles dans la poitrine. Une troisième manqua sa cible, passa entre deux étages de pain complet et traversa la paroi du camion. Les détonations se réverbéraient dans ses oreilles.

Telly prit la paille dans sa poche et attrapa son écritoire à l'arrière de la camionnette. Il mit un genou à terre. L'essentiel de la dope était encore sur l'écritoire. Il sniffa ce qui restait mais résista à l'envie de lécher. Ne pas laisser de trace d'ADN. Telly était malin. Il regardait Discovery Channel.

Il essuya l'écritoire et la jeta à l'arrière avec le cadavre et le pain écrabouillé.

Telly glissa la paille dans une de ses poches, le revolver dans l'autre. Il sortit une bouteille en plastique de la boîte à gants et répandit de l'essence sur le siège du conducteur et le tableau de bord. Il versa le reste sur le corps du type à la Neon, puis il jeta une allumette.

Pouf! La boule de feu lui réchauffa le visage.

Alors qu'il courait vers Park Avenue, Telly entendit des hurlements venant de la Neon.

Je me réveillai sur le canapé, une couverture enroulée autour de la taille. Frank dormait tranquillement, niché dans un petit terrier qu'il s'était fait entre mes pieds. Depuis quelques semaines, j'habitais mon bureau. Trop de problèmes avec le propriétaire de mon appartement. J'avais aussi quelques difficultés avec les voisins. Apparemment, ils n'appréciaient pas de me voir aller et venir à toutes les heures du jour et de la nuit.

Quand le commissaire m'avait dit qu'ils avaient reçu un appel signalant des cris venant de la cave, j'avais décidé qu'il était temps de me remuer. J'avais dans mon bureau le strict nécessaire, mais je conservais la plupart de mes affaires dans un entrepôt, le temps de négocier cette phase de transition et d'adaptation personnelle.

J'allai pisser, me brossai les dents, me rasai, pris une douche, allai chier un coup, me préparai un pot de café fort et shootai dans une merde de chien pétrifiée avec mon pied nu – et il n'était même pas encore midi.

Je descendis chercher mon journal sur le trottoir. À supposer qu'il y ait un journal. Je n'étais abonné à rien, mais la plupart du temps j'arrivais à me trouver un journal en cherchant bien.

J'avais amené Frank avec moi et je le laissai faire ses besoins dehors, dans les mauvaises herbes. C'est incroyable la quantité de pisse que peut contenir une vessie de cette taille. Pour un chien aussi petit, Frank semblait n'être jamais à court. Après avoir fait son tour et s'être soulagé trop souvent pour que je puisse tenir un compte exact, Frank leva une dernière fois la patte mais sans résultat.

— Je pense que t'es à sec, Frank.

Il jappa une fois, puis émit un petit grognement sonore.

— Viens, espèce de corniaud.

Il monta les escaliers en courant et m'attendit devant la porte de mon bureau/appartement en tournant en rond.

Frank me suivit à l'intérieur, où je me laissai tomber dans mon fauteuil en écoutant le grincement familier qu'il émettait sous mon poids. Pour moi, c'était le meilleur moment de la journée. Une tasse de café frais, une cigarette et un examen attentif de ce qui se passait dans ma ville avec les compliments du *St. Louis Post Dispatch*.

Puis je me rappelai que je venais de renoncer à deux de ces trois choses que j'aimais tant.

Je lançai un regard dur à ma tasse à café préférée, à présent vide, et j'imaginai un frémissement crémeux à la surface. Quatre jours sans même une gorgée. Je n'arrivais pas à croire que j'avais envisagé de prendre une tasse de café. Au moins je ne pouvais pas fumer. Ça faisait deux semaines que je ne m'étais plus acheté un paquet de ces saloperies.

J'inspirai profondément et ouvris mon journal pour découvrir qu'il datait du 15 novembre et que nous étions le 21. C'était l'inconvénient des abonnements gratuits : parfois on recevait des informations qui n'étaient plus de la première fraîcheur. Désormais, les nouvelles étaient assez vieilles pour que je puisse les relire avec seulement l'ombre d'un sentiment de déjà-vu. Je me levai trop vite et ma tête se mit à tourner. J'étais faible. J'avais besoin de café et de tabac. Dans un monde parfait, j'aurais pris les deux sans culpabilité.

Je jetai mon journal dans la corbeille à papier et transportai ma tasse à café jusqu'à la cuisine de fortune. Je posai la tasse à sa place à côté du comptoir, qui n'était guère plus que des cartons empilés pour former une table grossière.

Puis je regardai l'appareil qui était le premier responsable de toute cette affaire et considérai ma machine à café avec suspicion. J'envisageai de la détruire, mais un coup d'œil vers le visage innocent de ma Bunn-o-Matic me disait que je n'en aurais jamais la force. Il est difficile de définir la relation unissant un homme à sa machine à café, mais je peux dire en toute sincérité que cet appareil était la meilleure amie que j'aie jamais eue.

Finalement, la force me manqua purement et simplement. Cette machine était une partie de moi-même et j'étais une partie d'elle. Je la déposai délicatement dans le coin avec les autres appareils électriques, et j'implorai silencieusement les dieux du kawa de ne pas me foudroyer pour une erreur de jugement momentanée.

Je passai quelques coups de fil avant de quitter le bureau. J'avais deux ou trois questions à poser au commissaire mais le commissariat m'informa qu'il était en train de parler aux journalistes dans le centre-ville. Je dis au revoir à Frank, qui était occupé à monter un ballon de foot Nerf près des caisses que j'en étais venu à considérer comme une table de cuisine.

Je lui dis de bien s'amuser et je fermai délicatement la porte.

J'entendis parler du braquage à la radio. Une banque à l'angle de Peacock et Stanley. Ils avaient mis le paquet – y allant au culot et à la manière forte. Dix heures du matin et ils avaient déclenché une fusillade sur le trottoir. La radio disait qu'un camion de la United Van Lines avait traîné un de leurs corps sur l'autoroute.

Un mardi ordinaire dans la grande ville près du fleuve.

Je changeai de voie à la sortie suivante. Je pouvais voir les hélicoptères de la télé survoler la ville à quelques pâtés de maisons de la Gateway Arch. La circulation allait être bloquée. Je bus une lente rasade de la Corona que je tenais coincée entre mes jambes et je regardai les voitures autour de moi. Des gens dans cette ville venaient de voler un paquet de fric et je voulais les rattraper. Ce n'était qu'une question de temps avant que la rue ne livre la vérité.

Je me garai deux pâtés de maisons plus loin et je quittai ma voiture avec mon gobelet en polystyrène à la main. Je buvais de la Corona tiède à travers une paille en plastique orange. Je pris mon temps et observai les visages dans la foule massée sur le trottoir devant les boutiques.

Le corps gisait sous une bâche entourée de cônes, de chevalets de signalisation et du ruban jaune de la police. Les agents gardant la zone semblaient plus soucieux d'offrir de bons angles de prise de vue que de préserver l'intégrité de la scène de crime. Il y avait des journalistes partout. Deux hélicoptères tournoyaient au-dessus de nous en créant du vent. J'aperçus un photographe que j'avais autrefois connu et qui était en train de prendre en photo une camionnette de boulanger calcinée. Je traversai la rue en le voyant et m'approchai du véhicule.

Cameron Worthy était un photoreporter qui couvrait les crimes pour le *Post Dispatch*. Je le connaissais du temps où je travaillais dans la police. C'était un type fréquentable. Nous buvions des bières ensemble, échangions nos informations. Cam m'adressa un signe de tête et je trouvai un bout de la ruelle où me cacher pendant que je sirotais ma bière à la paille et tâchais de protéger mes yeux du soleil. Le vent de novembre était froid et mordant.

J'avançai à petits pas jusqu'à être assez près pour me glisser sous le ruban de la police et me faire une idée ce qui se passait. Un corps carbonisé sous un drap empestait dans la camionnette, qui était garée à côté d'une Neon rouge cabossée, avec un siège enfant vide posé sur le toit.

Toujours pas de commissaire en vue.

Cam s'approcha et me salua.

— Nick Valentine ? Quel bon vent t'amène dans les bas-fonds ?

Je lui aurais volontiers tendu la main, mais elle tenait ma bière.

— Comment ça va, Cam ?

— Mieux que ce fils de pute.

Il désigna la camionnette.

— Ou que ce fils de pute.

Je désignai la masse informe sous la bâche.

Cam secoua la tête et remonta ses lunettes branchées. Elles étaient trop grandes et lui glissaient sur le nez. Ses longs cheveux fins étaient soulevés par la brise comme un vieux T-shirt suspendu à une corde à linge.

Je lui demandai ce que signifiait ce bordel.

— Deux types ont braqué la caisse de crédit et se sont barrés avec un gros paquet. (Il inclina la tête vers le sud tout en glissant une nouvelle cigarette entre ses lèvres.) Le garde en a dézingué un. (Toujours avec la tête, il désigna le corps sur la route en allumant la Marlboro

Light.) L'autre a largué la camionnette ici. Une autre bagnole devait les attendre.

— C'est quoi, cette merde ?

Je donnai un coup de pied dans le pneu arrière de la Neon.

Cameron dit qu'il n'en savait rien. Il pensait que le conducteur devait être le connard grillé à point dans la camionnette. Il dit que ça ressemblait à des blessures multiples par balles tirées à bout portant, mais ce n'était qu'une opinion.

— Donc la camionnette de boulanger fout le camp et emboutit la Neon, et la Neon ne la lâche plus. Le conducteur de la Neon se prend quelques balles dans la poitrine au nom de la violence routière. Ça te paraît bien ?

Cam acquiesça. Puis il me demanda si je voulais une cigarette.

— Non merci.

Je lui dis que j'avais arrêté.

— Aïe.

Il tira une longue bouffée de la sienne et fit défiler les photos de la matinée sur son appareil sophistiqué.

Je pris une longue gorgée de bière et la paille émit un bruit sec et violent contre le couvercle en plastique du gobelet.

— Qui braque une banque avec une camionnette de boulanger ? demanda-t-il.

Je répondis que je ne savais pas. Des boulangers ?

Je scrutai les environs, à la recherche de caméras de surveillance, mais aucune n'était visible à l'œil nu.

— Bon endroit pour un échange de bagnoles, dis-je.

Et c'était la vérité. La ruelle n'était qu'à quelques pâtés de maisons de la banque, entre deux grands carrefours. Accès facile à de multiples issues.

Cameron me dit qu'il devait rentrer à la salle de rédaction. Il jeta sa cigarette à terre et l'écrasa avec sa chaussure de ville.

Je lui dis qu'on se reverrait et je me dirigeai vers l'autre cadavre. Je terminais ma bière quand je vis le commissaire me faire signe. Je jetai mon gobelet dans une poubelle en métal vert.

Les lèvres du commissaire se collèrent contre mon oreille.

— Comment ça va, Nicky ? demanda-t-il.

Le commissaire était le seul à m'appeler comme ça.

Je lui répondis que je faisais aller.

Le commissaire Caraway était un vieil ami de mon père. Ils avaient dû faire un coup tordu ensemble, mais je n'avais jamais vraiment su quelle embrouille leur silence cachait. Si mon vieux avait encore été en vie, j'aurais sans doute pu lui poser la question.

— C'est un coup foireux, Nicky.

— On dirait bien.

— Ils ont foutu le camp avec un sacré pognon.

Je secouai la tête, comme si l'argent n'était rien. Mais le commissaire me connaissait mieux que ça.

— Ils avaient été rancardés ? demandai-je.

Il hochait déjà la tête.

— Forcément.

— Des témoins ?

— Une demi-douzaine, mais ça s'est passé très vite. Personne n'a vu grand-chose.

— Et ce tas de boue déglingué ?

Je désignai la Neon.

Le commissaire m'apprit que deux personnes avaient vu la camionnette emboutir la voiture par l'arrière, puis la Neon poursuivre la camionnette.

— Combien dans le coup ?

— Un seul homme dans la banque. Un autre, peut-être deux, dans le camion.

Le commissaire Caraway alluma une cigarette et m'asphyxia dans un nuage de fumée de seconde main. Je fis un pas en arrière. On ne se rend jamais compte du nombre de gens qui fument tant qu'on n'a pas arrêté.

Mes pensées revinrent au type mort dans l'escalier. Il était banquier. C'était peut-être une coïncidence, mais probablement pas.

Le talkie-walkie du commissaire se mit à couiner à peu près en même temps que son téléphone sonna.

— Tu n'as pas idée du genre d'emmerdes que j'ai à gérer, dit-il.

Je gardai le silence.

— Commissaire Caraway, cria-t-il dans son portable, mais il le couvrit avec sa main pour me murmurer : Qu'est-ce que t'as trouvé hier ? Au sujet du suicide ?

Avant que j'aie pu répondre, il dressa un doigt, pour que j'attende une minute.

Je ne savais pas vraiment comment jouer mes cartes sans en révéler trop. Je ne maîtrisais pas encore la situation, je savais juste que quelque chose sentait mauvais et ce n'était pas le type à l'arrière de la camionnette.

Je déclarai que je devais filer et dis au commissaire qu'on se verrait bientôt. La bière m'avait traversé le corps très vite et laissé avec l'envie d'en boire une autre.

Je trouvai une benne à ordures derrière laquelle pisser, puis je pris la direction des quartiers est, vers une boîte à strip-tease appelée Cowboy Roy's Fantasyland. J'avais un type à voir pour affaires.

Une fois hors de la ville, Telly roula pendant une heure avant de trouver une impasse. Il se gara et resta dans la voiture, à contempler le sac de voyage qui occupait le siège passager. Telly jetait des regards nerveux dans le rétroviseur, certain que les flics allaient lui tomber dessus : sirènes en marche, revolvers brandis, balles qui sifflent. Son cœur battait la chamade et l'excitation le faisait transpirer à grosses gouttes. Ou bien c'était la came. Il hésitait sur ce qu'il devait faire en premier : regarder dans le sac de fric ou fumer un peu de méth ?

Il tira un sachet de la minuscule poche située au-dessus de la poche avant droite de son jean, inutile à part pour abriter un petit sachet de méth. Il avait déjà la paille à la main, mais il se ravisa.

Telly tira de sous le siège un rouleau de papier alu et sa bouche se mit à saliver. Ses paumes transpiraient tandis qu'il pliait avec soin une feuille d'alu toute neuve. Tel celui d'un vétéran junkie, son rituel de préparation était une forme d'art.

Il vida presque tout le sachet sur le papier alu puis il inclina la tête et en versa un peu plus. Telly tint le papier exactement à l'angle voulu et, avec le parfait équilibre entre flamme et dextérité du poignet, envoya une jolie flaque de speed vers l'extrémité. Il inhala la fumée à travers un Bic vide, puis il ajusta sa main alors que le liquide visqueux en ébullition atteignait son pouce. À l'instant précis où le mélange se figeait, Telly inversa le processus et renvoya tout vers l'autre bout du papier alu. Sa technique était admirable.

Telly était passé maître en matière de fumette.

Il pensa au goût indescriptible de la méth tandis qu'il inhalait sa dose et la gardait en lui, il patienta quelques secondes, le temps que sa poitrine se réchauffe, puis il exhala un délicat nuage blanc contre la vitre et fondit sur son siège. Il leva les yeux vers le plafond de la voiture et attendit que la magie arrive.

Dans sa tête, les vitesses s'enclenchaient déjà.

Il remarqua que le plafond commençait à ployer au-dessus de lui ; le tissu pendait assez pour lui toucher le crâne. Quand il reprit le papier alu, son cerveau passa à un niveau supérieur de pensée. Un niveau auquel il était incapable d'accéder avant la méth.

Son univers avait commencé à ralentir quand il avait largué la camionnette, mais à présent tout revenait très vite. Il était sur le point de tomber dans cette condition parfaite de supériorité intellectuelle que seule permet une consommation excessive de métamphétamine. Plus il y réfléchissait, plus il ressentait le devoir impérieux de réparer ce plafond avant que cela ne lui vaille des ennuis.

Il y avait une boîte à outils dans le coffre, mais Telly ne se rappelait pas quels outils elle contenait. Il ne se rappelait pas à quand remontait la dernière fois où il y avait mis le nez. Mais peut-être suffirait-il de quelques punaises bien placées pour tout arranger. Ça marcherait sûrement, mais il ne savait pas s'il avait des punaises. Ni où elles étaient s'il en avait.

Telly mit feu à l'aluminium une fois de plus, puis regarda à nouveau dans le rétroviseur. Il vit ses yeux dans le miroir. Ses pupilles sombres et humides, dilatées à la taille d'une pièce de cinq cents. Puis il pensa à l'argent. *Oui, oui, l'argent.* Il remarqua la paille dans sa main et la remit dans sa poche. Pas question de la perdre.

Telly devait arrêter de déconner et tâcher d'avoir les idées claires. Il devait planquer le fric, racheter de la méth, puis décider comment il allait raconter sa version de la vérité au mec pour qui il travaillait. Il raconterait ce qui sonnerait le mieux selon lui, mais cette version restait à inventer.

Quand il ouvrit enfin la fermeture éclair du sac et vit tout l'argent qu'il pourrait dépenser, Telly resta figé. Il voyait des milliers de dollars. Peut-être même des millions, mais il aurait été bien incapable de les compter précisément.

Telly appuya sur le bouton d'ouverture du coffre, tira le sac de voyage en travers du siège et le laissa tomber à terre. Puis il le hissa sur son épaule d'un seul geste spasmodique.

Une fois à l'arrière de la voiture, Telly jeta le sac dans le coffre où il s'écrasa contre une boîte à outils en plastique. La voiture vibra. Il songea un moment à tous les outils et à tout ce qu'il pourrait faire avec eux sur ce plafond, à l'avant.

Telly ferma le coffre et courut se rasseoir au volant. Il alluma son portable, vit qu'il ne lui restait plus beaucoup de crédit, et appela pour la seizième fois son dealer, qui évidemment ne répondit pas. Le vendeur de méth ne répondait jamais au téléphone quand on avait besoin de lui. Telly mit en marche le chauffage. Il avait froid mais il transpirait. Il faudrait qu'il joigne bientôt Sid l'Angliche, mais il n'était qu'une loque. Il avait juste besoin de méth d'abord – il devait en trouver.

Telly démarra la voiture et fit demi-tour. Il avait une connaissance à voir pour affaires.

En arrivant au Cowboy Roy's Fantasyland, je me garai à côté d'une Lincoln Town Car qui appartenait à Anthony Sparrow, même si tout le monde l'appelait Big Tony.

Big Tony savait beaucoup de choses sur beaucoup de choses. J'étais sûr qu'il saurait deux ou trois choses sur le braquage de la caisse de crédit.

Je franchis la porte d'entrée et Flames, le videur, m'adressa un signe de la tête. Il me dit que j'étais le bienvenu et je lui demandai s'il avait vu Big Tony.

— Il est au fond, dit Flames. Il sera bientôt ici.

Je le remerciai et chacun partit de son côté. Nous avions tous deux mieux à faire que la causette. Et puis j'avais soif.

Une brunette qui sentait le cacao passa et me pressa l'entrejambe en toute simplicité, comme si nous étions au supermarché et que ma bite était un avocat.

— Salut, Nick.

Je pense qu'elle s'appelait Lilac, mais j'étais loin d'en être sûr. Je regardai son corps dur et svelte se diriger vers l'extrémité du bar.

— Tu veux quoi, Valentine ?

Flames se tenait derrière le bar et mélangeait des cocktails.

Je dus y regarder à deux fois.

— Quoi ? Tu fais aussi barman ?

Flames haussa les épaules, répondit que les temps étaient durs et tout ça.

Je lui commandai du scotch. Pur. Deux verres de Crown Royal et une bouteille de Corona avec un citron vert. Il ne dit pas un mot, se contenta de me servir et s'éloigna comme doit le faire tout bon barman.

Un épais nuage de fumée artificielle envahit la scène. Je bus le premier verre de Crown, puis le fis descendre avec le deuxième, suivi d'une longue gorgée de bière. Je pressai le citron dans ma bouche et pris une inspiration légère. *Putain*. Le flash faillit me terrasser.

Je me juchai sur un tabouret et attaquai mon scotch. Ça faisait au moins un mois que je n'étais pas venu au Cowboy Roy, et apparemment le paysage changeait en permanence.

Encore une bonne rasade et je vis la liqueur dorée disparaître de mon verre tandis que le premier coup de boutoir de l'alcool m'explosait les couilles. Je cherchai des yeux Lilac. Me mis à songer à son corps ferme et sans concessions.

Je me retournai, cherchai Flames et lui dis :

— Ressers-moi la même chose.

Flames m'examina d'un drôle d'air et je le regardai écarquiller les yeux avec curiosité :

— Bon Dieu, t'es allé vite !

Je répondis à Flames que j'avais soif.

— Et quand il s'agit de boire, je déconne pas.

C'est alors que Big Tony émergea de la pièce du fond. Il était seul et reniflait. Je n'aurais pas pris grand risque si j'avais parié que sa grosse moustache était joliment saupoudrée de coke.

Big Tony me vit et obliqua dans ma direction. Nous nous serrâmes la main, sa grosse patte engloutissant la mienne. Il me demanda ce que je mijotais.

— Qu'est-ce que tu sais sur le braquage qui a eu lieu en ville ce matin ?

Big Tony me dit qu'il savait que dalle :

— J'ai rien entendu dire là-dessus.

Je pris mon scotch et ma bière et je suivis Big Tony jusqu'à sa table. Une serveuse portant un bandana camouflage et un string aux couleurs du drapeau américain s'arrêta devant lui et il lui murmura des propos graveleux. Il avait le visage collé à son oreille. Il la humait comme si elle eût été un grand cru.

Miss Bandana dit qu'elle revenait tout de suite, mais lorsqu'elle s'éloigna je devinai qu'elle aurait envie de prendre un bain de désinfectant dès qu'elle le pourrait afin d'éradiquer la mince couche de puanteur qui s'accrochait à elle par la simple présence d'une telle clientèle.

Ce qui ne s'appliquait pas aux personnes présentes.

Big Tony s'assit tandis que je prenais une bonne rasade de scotch avant de poser le verre et la bouteille de Corona sur la table. Je m'installai en face de lui et lui demandai ce qu'il savait sur Norman Russo.

Big Tony haussa les épaules :

— C'est qui, ce connard ?

Je lui répondis que je n'en savais rien. Peut-être juste un connard.

— Qu'est-ce qu'il te veut, Valentine ?

— Il ne me veut rien. En ce moment, il est étendu sur le dos avec un gros Y gravé sur la poitrine.

— Mort ? demanda Big Tony.

— Ouaip. Il est en pleine autopsie.

La serveuse en camouflage revint avec un sourire étudié, et je me rendis aussitôt compte que sa poitrine m'inspirait une forte admiration.

Elle offrit à Big Tony une bouteille de Pabst, la bière la moins chère qu'ils avaient. Il la paya avec un billet de cinq et lui dit de garder la monnaie.

Elle me demanda ce que je voulais.

— Un verre de Yukon Jack. Un verre de Wild Turkey, et une Corona glacée, répondis-je en lui présentant les exigences d'un buveur en roue libre. Et n'oubliez pas le citron.

Boire avait toujours été important pour moi et je le faisais avec autant d'alacrité que possible.

Big Tony alluma un cigare et prit une gorgée de sa Pabst Blue Ribbon. Il plaça une petite boîte sur la table, l'ouvrit, et en sortit un miroir sur lequel il posa de la poudre. Il me demanda si j'en voulais une ligne. Je lui répondis qu'il valait mieux que je m'abstienne, mais je n'appréciai guère le regard qu'il me lança lorsqu'il m'entendit.

Pour éviter d'attirer les soupçons, je me dis qu'il était sans doute préférable de me laisser aller, juste cette fois. Il serait toujours temps de discuter des détails plus tard. Je m'étais promis de ne plus toucher au café et aux cigarettes, mais je ne m'étais jamais engagé à refuser la cocaïne.

Il prépara d'abord son rail, le plus long, bien sûr, qui mesurait bien quinze centimètres. Puis il poussa le miroir vers moi. "Cowboy Roy's Fantasyland" était inscrit dessus, mais la ligne qu'il me laissa n'allait que du R au Y de *Roy*. Je la sniffai et accueillis l'engourdissement familier comme la poignée de main d'un vieil ami. C'était la cerise électrique sur mon gâteau ivre. Mais quand même, ce salaud aurait pu m'en mettre un peu plus.

Quelques minutes s'écoulèrent, que nous passâmes à parler de choses et d'autres avant que Miss Bandana ne réapparaisse avec nos verres. Elle lui servit une autre PBR et il la remercia d'une claque amicale sur son cul parfait, geste humiliant qu'elle détestait mais devait endurer si elle voulait toucher son salaire.

Big Tony n'était pas assez habile pour parvenir à ses fins avec la danseuse. Malgré son inutilité flagrante, cette tentative s'avéra être le meilleur moment de ma journée. Il n'avait aucune chance d'arriver à quoi que ce soit avec ses filles, chose dont tout le monde semblait conscient, sauf lui.

Je descendis mon verre de Yukon Jack comme un pro. Puis j'enchaînai avec l'Austin Nichols. *Malt 50,5 %.* Il avait un goût de kérosène et m'alluma un feu de joie dans les entrailles.

Une stripteaseuse entra en scène et ôta sa culotte, aussitôt violée par tous les yeux des clients de la boîte. Quand la basse assourdissante s'interrompit, j'entendis le bruit familier d'une lame de rasoir poussant de petits tas de coke sur un miroir. La cocaïne rinça l'Oxy de mon organisme, suivie par un litre d'alcool. Je compris tout à coup qu'il fallait que je sorte du Cowboy Roy avant de perdre connaissance ou de bondir sur scène pour emporter une stripteaseuse à l'arrière comme un homme des cavernes.

Ce dernier verre de Wild Turkey avait dû me mettre la tête à l'envers. Quelque chose ne tournait pas rond. Je me concentrai sur la porte et dus me rappeler de ralentir le jeu.

Lorsque je me levai, je renversai ma chaise et le sang m'afflua dans le cerveau comme toujours quand je me déplaçais trop vite. Je me penchai, posai les mains sur la table et retrouvai mon équilibre. Je dis à Big Tony que je partais. Il me suggéra de l'appeler le lendemain, qu'il en saurait peut-être plus.

Je jetai sur la table un billet de vingt, un de dix et une liasse de billets d'un dollar, puis me dirigeai vers la porte. Big Tony me cria quelque chose mais je n'entendais que le rap qui grommelait dans les haut-parleurs.

Je passai devant Flames en me frayant un chemin dans la foule et il m'adressa un signe de tête désinvolte.

Puis je me cognai à un connard qui ne regardait pas non plus où il allait. Je me précipitai vers la porte. Ni le type ni moi ne demandâmes pardon.

Les glaces de l'hiver approchaient et l'air était sec et raréfié. Les feuilles ne tombaient plus et celles qui jonchaient la rue étaient brunes et mortes. Garé devant un pressing, Sid Godwin observait la circulation et regardait des vidéos pornos sur son iPhone. Il savait que les gars ne viendraient pas. Bruiser était mort, mais qu'en était-il de Telly ? Il avait deux heures de retard. Telly était peut-être en cavale, ou bien il était mort lui aussi.

Sid déroula le menu des options sur un site qui proposait de tout, depuis le sexe standard jusqu'aux nains branlant des ânes, spectacle auquel il n'avait pas la moindre envie d'assister. Enfin, ça valait peut-être la peine d'y jeter un œil.

Comme la page s'ouvrait, les mots *Sans Couilles appelle* s'affichèrent à l'écran et rompirent la connexion. Sid répondit : "Nom de Dieu, Johnny", avec son fort accent britannique.

Johnny Sans Couilles demanda ce qu'il avait encore fait de mal, cette fois.

— Rien, dit Sid.

Il lui demanda s'il avait du nouveau.

Johnny répondit que non. Il avait faim et il partait se chercher à manger.

Sid se redressa sur son siège. Il n'arrivait pas à en croire ses oreilles.

— Alors écoute-moi, mon vieux, c'est hors de question. Tu vas rester là où tu es et attendre comme un bon petit gars. Tu gardes les yeux ouverts. Tu guettes Telly dans la Buick.

Sans Couilles promit d'obéir et raccrocha.

Johnny Sans Couilles était aussi inutile qu'une paire de nichons sur un poisson. Mais M. Parker l'adorait et lui avait même inventé son surnom.

Johnny Sans Couilles était une merde molle, mais en fin de compte il était marrant. À se pisser dessus de rire. Et c'est pour ça qu'il avait survécu aussi longtemps. C'était un comique.

Sid en avait marre d'attendre dans le parking, lui aussi, mais ils ne pouvaient pas s'en aller tant qu'ils n'avaient pas le feu vert de M. Parker. C'était lui qui décidait. Ce braquage était un gros coup et ce n'était pas Sid qui allait tout foutre en l'air.

Le téléphone de Sid sonna à nouveau. C'était Telly.

— Ouais ? répondit Sid.

Telly était dans tous ses états, à bout de souffle.

— Sid ? Hé, mec, qu'est-ce tu fous ? (Il parlait vite, sans suite.) On a merdé, Sid. Bruiser s'est fait buter, il est mort.

Puis il dit à Sid qu'il n'avait pas l'argent.

Sid serra le téléphone dans sa main presque au point de le casser. Il savait que Telly mentait. Ils n'auraient jamais dû utiliser un junkie.

— Comment ça, Telly, t'as pas le fric ?

Telly laissa passer un silence.

— Non, Sid, je l'ai pas, je l'ai *jamais* eu ! Bruiser a eu tout juste le temps de rejoindre la voiture. Il est resté par terre dans la rue, mec.

— La voiture ? Bordel, c'était une camionnette de boulanger, trouduc. On parle que de ça aux infos.

— Voiture, camionnette, qu'est-ce ça peut foutre, mec.

Sid garda le silence. Puis :

— Laisse-moi réfléchir.

Telly poursuivit :

— Bruiser est mort, mec. Je dois foutre le camp, bordel. Je suis cramé, Sid. Faut que je me tire, mec.

Sid le lui défendit.

— Tu vas nulle part tant qu'on n'a pas parlé à M. Parker. Il va pas aimer ça.

— Je l'emmerde! s'exclama Telly. J'ai la trouille, Sid. Je viens de voir Bruiser se faire buter. J'ai encore son sang partout sur moi.

— Eh, pas au téléphone! ordonna Sid. On se retrouve chez Montgomery dans une heure.

Sid raccrocha et appela M. Parker. Puis il appela Johnny Sans Couilles et lui dit de préparer l'église.

— Rapporte quelques sacs de glace et deux seaux. Rapporte aussi un truc du Burger House, si tu veux. On va être occupés un moment.

Sid quitta le pressing et conduisit jusque chez Montgomery.

TELLY entrait au Cowboy Roy's Fantasyland quand il raccrocha après sa conversation avec Sid. Alors qu'il franchissait le seuil, il se cogna dans un connard qui sortait d'un air pressé. Il scruta la salle d'un œil désespéré jusqu'au moment où il repéra celui qu'il cherchait.

Il s'approcha de la table et se glissa sur une chaise vide, face à un énorme Italien à l'épaisse tignasse brune, aux yeux bruns fatigués et qui tenait une bouteille de Pabst Blue Ribbon dans sa grosse main potelée.

— Hé, quoi de neuf, Tony?

Big Tony l'examina avec méfiance et alluma un cigare. Il demanda à Telly ce qu'il voulait.

Telly regarda autour de lui et se gratta les bras.

— Eh, mec, il me faut de la dope, si tu vois ce que je veux dire. (Un silence.) De la méth.

Big Tony le toisa d'un air malin. Et lui demanda quel genre de conneries il racontait.

— Allez, mec. *Je sais* que tu peux me trouver de la came, Tony. J'en peux plus, mec. Je suis grave en manque.

— Tu me prends pour qui, pauvre tache? Je sais rien de rien sur ce que tu crois que je sais.

— Tu te fous de ma gueule, mec! (Telly martela la table à coups de poing.) Allez, mec, *j'ai de la thune!* Ravitaille-moi, mon frère.

Il tira de sa poche trois billets froissés de cent dollars et les agita devant Big Tony.

— Tu vois, mec, j'ai de la thune.

Big Tony prit l'argent et le fourra dans la poche de sa chemise.

— Qu'esse tu veux, Telly?

Telly avait le regard indompté, remuant.

— Je veux quoi? Je veux de la dope, putain! Allez, mec.

— OK, dit Big Tony. Calme-toi, bordel. Je vais voir ce que je peux faire.

— Ouais, s'te plaît. Passe un coup de fil, je sais pas, implora Telly.

Big Tony regarda autour de lui et baissa la tête.

— T'en veux combien?

— Autant que tu peux, Tony. Trente grammes. Cinq cents grammes, n'importe. J'ai de quoi.

Big Tony n'arrivait pas à le croire. Telly était un junkie. Il n'avait pas un rond. Comment pouvait-il avoir trois cents dollars sur lui? Et pourtant, à l'entendre, il en avait plus encore.

— Trente grammes ? répéta Big Tony, sarcastique. *Cinq cents grammes*, Telly ? Une putain de livre de méth ? T'es défoncé ou quoi ?

Telly secoua la tête.

— Ouais, je sais que c'est beaucoup, Tony. Je sais. C'est beaucoup. Mais j'ai de quoi payer, mec. J'ai de quoi. File-moi ça si tu peux m'aider, après je me casse, je te jure.

Big Tony hocha la tête comme s'il comprenait. Mais la seule chose qu'il comprenait, c'était que Telly devait être sur un gros coup. Tony devait trouver un moyen de le séparer de l'argent qu'il pouvait avoir, et vite.

— T'es sur quoi, Telly ?

Il pensa au braquage de la banque, mais ça paraissait tiré par les cheveux.

Telly fouilla des yeux les recoins sombres.

— Allez, Telly, t'as l'air d'être mouillé dans un truc qui te dépasse. Je peux peut-être t'aider.

Telly battit des paupières et renifla. Dit qu'il avait seulement besoin de méth et qu'il était prêt à payer le prix fort si Big Tony se débrouillait pour en trouver.

— Je vais voir ce que je peux faire.

Big Tony dit qu'il allait passer quelques coups de fil. Que trente grammes, c'était une grosse quantité. Il avait besoin de voir le blé avant de se donner du mal.

Telly répondit :

— Sans problème.

Il tira de sa poche une liasse de billets et se débrouilla comme un manche en essayant de les cacher pour les compter sous la table. Il plaqua cinq cents dollars sous le nez de Tony.

— Je te retrouve dans une heure. Crestwood Bowl, tu connais ?

Big Tony répondit que oui. Il dit à Telly qu'il allait voir ce qu'il pouvait faire. Que huit cents dollars, c'était un bon début, mais qu'il ne pourrait pas réunir autant de came en une heure. Pas moyen.

Big Tony décida de le tester.

— Et si je pouvais vraiment t'en trouver une livre ? T'aurais pas de quoi me payer, je sais bien.

Telly éclata de rire.

— Fais-moi confiance, mec, je suis blindé. Trouve-moi de la bonne came en vitesse, si tu peux, et je te payerai plus que je dois à certains.

Telly bondit de son siège sans prévenir. Il dit à Big Tony de s'en procurer autant qu'il pouvait, puis il sortit en lorgnant sur une serveuse qui apportait à Big Tony sa nouvelle PBR.

Big Tony prit son portable et commença à passer des coups de fil.

Quand j'ouvris les yeux, je me trouvais devant des feux de signalisation qui venaient de passer au vert, j'avais le pied sur le frein, la radio gueulait et l'aération tournait à fond. La vitre était baissée et mon bras gauche pendait à l'extérieur, contre la portière.

Quelque part quelqu'un hurlait :

— Réveille-toi, trouduc !

Puis ce quelqu'un klaxonna de toutes ses forces.

Je regardai autour de moi et tentai de me repérer. Je pris conscience que le feu était maintenant à l'orange et sur le point de devenir rouge, alors j'écrasai l'accélérateur. Les pneus aboyèrent, copulant avec la chaussée, et entraînèrent la grosse voiture dans le carrefour où je faillis être heurté par un néo-hippie au volant d'une Scion avec un vélo sur le toit.

Il freina comme un malheureux, évitant de justesse ma Crown Vic. Il agita les bras en tous sens et se mit à klaxonner.

Je saisis le coup-de-poing américain accroché au levier de vitesse et levai le poing à travers la vitre baissée. Je ne savais pas trop combien de temps j'étais resté devant ces feux, mais j'avais besoin de pisser et je savais que le mini-frigo commençait à manquer dangereusement d'alcool. Et tant qu'on y était, un plein n'aurait pas fait de mal à la Vic.

Je m'arrêtai à la première station-service que je vis et allai pisser derrière le lave-auto. Je finis le reste de scotch que je devais avoir emporté du bar avec moi, puis je lançai le verre vide sur un aspirateur qui m'avait arnaqué la seule et unique fois où j'avais essayé de nettoyer la Vic.

Avec toute la prévoyance dont était capable un ivrogne comme moi, je décidai de me dispenser d'essence. J'entrai pourtant dans la boutique et tins mon engagement de me procurer à boire.

Je ressortis avec un flacon de Southern Comfort, une bouteille de rhum, une pizza surgelée et deux packs de six Corona. Je m'assis au volant, posai mon sac sur le siège et tirai de ma poche un bâtonnet de viande séchée que je ne me rappelais pas avoir payé. Je rêvais d'une bière glacée. Je remontai la vitre et me mis tout à coup à penser au braquage de la banque.

Soudain, tout devint logique et je pus voir l'histoire se dérouler dans ma tête avec la clarté absolue que seul procure un après-midi bourré dans une boîte à strip-tease. Le commissaire Caraway avait dit qu'il ne savait qu'une chose sur Norman Russo : il dirigeait une banque. Et si c'était la caisse de crédit ? Quels qu'ils fussent, ces crétins de braqueurs avaient dû aller chez Russo la veille au soir. Ils lui avaient soutiré toutes les informations et l'avaient tué. Puis ils avaient mis en scène ce suicide avec un manque de professionnalisme qui ne ressemblait à rien de ce que j'avais pu voir.

J'engageai la Vic sur la route et parcourus quelques kilomètres pour regagner mon bureau tout en faisant redéfiler le scénario dans ma tête. Il devait y avoir deux ou trois types. Je penchais plutôt pour deux. Un seul type était entré dans l'agence. Il n'y avait aucune raison d'avoir deux chauffeurs, sauf s'ils utilisaient un second véhicule pour bloquer la route au cas où une voiture de police serait arrivée. Mais si ça avait été le cas, la voiture bélier se serait occupée de la Neon.

Malgré tout, l'opération était un peu trop sophistiquée pour avoir été conçue par deux types sans aide extérieure. N'importe qui d'assez malin pour monter un coup pareil *et* s'en tirer aurait été assez malin pour écrire correctement.

Lorsque j'arrivai sur la dernière marche menant à mon bureau, je trouvai un avis de retard fixé à ma porte, pardessus l'endroit où était écrit DÉTECTIVE PRIVÉ. J'en fis une boulette, insérai la clef dans la serrure, puis donnai un coup de pied dans le bas de la porte pour l'ouvrir.

Frank m'attendait. Il grognait, éternuait et tournait en rond.

— Hé, Frank.

Je franchis le seuil, muni de mes deux sacs. J'en avais plein les bras. Frank devenait dingue, il sautait dans tous les coins. Il jappa quand je lui marchai sur la patte.

— Désolé.

Je lui expliquai que cet incident aurait aisément pu être évité et que c'était clairement de sa faute. Je posai les deux sacs sur le carton qui me servait de table et portai les deux packs de six jusqu'au mini-frigo pour regarnir ce petit salopard. Frank se mit à aboyer et à m'emmerder. Je lui demandai s'il avait besoin d'aller chier.

— *Aaarp*.

Je pris le téléphone sans fil de mon bureau et emmenai Frank chier ses rondins dehors. Il y avait une petite pelouse entre les allées. Pendant que Frank était au travail, j'appelai le commissaire mais il était absent. Je ne fus pas surpris, mais j'avais l'impression d'enquêter tout seul sur cette foutue affaire. Big Tony allait peut-être me fournir des infos. On ne savait jamais avec lui, mais c'était un type en qui je pouvais avoir confiance. Il en avait bavé en tôle et je respectais ça. Tony et son associé Doyle étaient à l'écoute de la rue, ils étaient au courant de tout.

Frank flairait la moindre chose et tentait de saturer autant d'objets étrangers que possible de sa pisse de yorkshire. Il pissa sur un vieux journal déjà imbibé de pisse d'un autre chien. Il pissa sur le manche d'une bêche. Il pissa sur une brique. Il pissa sur la merde d'un autre chien, à moins que ce n'eût été la sienne. Il pissa même sur le siège du tricycle d'un petit gosse. Je lui aurais bien dit d'arrêter, mais je savais qu'il ne m'écouterait pas. Frank s'exprimait juste, c'était une idée que je pouvais accepter.

— On y va.

Je sifflai. Frank me doubla, pressé de grimper les marches. S'il y avait bien un vrai plaisir dans la vie de Frank, c'était de monter les escaliers. Son préféré, c'était celui de mon bureau/appartement. Et l'objectif de Frank était de le conquérir avec autant de rapidité et d'enthousiasme que ses pattes étaient capables de produire. Il était passé maître dans l'art de l'ascension, mais la descente lui posait toujours un problème. Il avait le corps trop court et il tombait le cul par-dessus la cafetière. À chaque fois que c'était possible, je tentais de l'en dissuader, mais Frank n'en faisait qu'à sa tête. En général, je me contentais de le porter.

Ma gueule de bois n'était plus qu'un lointain souvenir. À chaque marche que je grimpais, j'essayais de me concentrer sur cette affaire.

Frank attendait devant la porte. Remuant la queue. Grognant. S'il avait pu parler, il m'aurait dit de me dépêcher pour que je puisse déverser une canette de bière pleine de croquettes à côté de mon bureau.

— J'arrive, lui dis-je.

Il aboya deux fois, grogna une fois, courut en tous sens. Frank était bien résolu à s'attaquer au monde entier s'il n'obtenait pas à manger.

Nous pénétrâmes dans la pagaille de mon bureau et j'en contemplai l'état lamentable. Je n'avais jamais le temps de faire le ménage. Et tandis que je succombais au confort de mon fauteuil, je savais que je n'aurais pas le temps de le faire aujourd'hui non plus.

Frank aboya, me signalant qu'il attendait.

— Ouais, c'est bon, je t'ai entendu !

J'allumai la petite radio au bord de mon bureau et nous écoutâmes un peu de jazz.

Je traversai la pièce et versai une canette pleine de bouffe dans sa Converse. Frank bondit et fit deux tours complets en courant autour de moi et de la basket, puis il mordit le bas de ma jambe de pantalon et tira dessus d'un air autoritaire.

— Du calme, petite merde.

Je lui filai un coup de pied pour le repousser, chose qu'il n'aimait guère, et il mordit ma chaussure à peu près aussi fort qu'il le pouvait. Il grogna, puis ficha le camp. Frank prit son élan et atterrit sur la Converse. Il lutta contre moi, enfonça son museau dans les profondeurs caverneuses de la chaussure, sans pitié. Il s'empara de quelques croquettes, courut jusqu'à sa place devant mon bureau et les laissa tomber. Il leva les yeux vers moi et grogna, me mettant au défi de les lui prendre. Puis il changea de posture comme je m'approchais et mangea ses croquettes en me tournant le dos.

— Tu n'es qu'un petit fils de pute irascible.

Je mis un genou en terre et le caressai, mais il se retourna en un réflexe rapide, aboya deux fois et me dit de ne pas l'emmerder pendant qu'il mangeait.

Pendant que j'étais au ras du sol, j'aperçus une bouteille de Bailey's Irish Cream à moitié pleine, couchée sur un lit de mégots et de cendres incrustés dans la moquette.

— En voilà une surprise, dis-je à Frank, mais il était trop occupé à manger.

Je me relevai, brandis la bouteille à la lumière et la secouai. Je dévissai le bouchon et avalai quelques vigoureuses rasades.

Chez Montgomery était un restaurant du South County où le steak le moins cher coûtait trente dollars. Même si Sid avait désespérément envie d'un chateaubriand, il n'avait pas les moyens d'y entrer. M. Parker était livide et maudissait le junkie. Il voulait tuer Telly, quoi qu'il advienne. C'était ce qu'avait prévu Parker depuis le début. L'utiliser comme chauffeur puis le descendre ; laisser son corps à l'arrière de la camionnette.

À présent, il y avait un autre enfoiré à l'arrière de la camionnette. Ils erraient sur un boulevard de possibilités inconnues et trop de routes ramenaient à M. Parker.

Joe Parker était un homme d'affaires, un voleur et un joueur. Dès qu'il se passait quelque chose à St. Louis, il en était informé. Il y était sans doute impliqué. Le braquage de la banque aurait dû être un jeu d'enfants. Au lieu de quoi, c'était un beau merdier. Ce n'était pas le bon type qui était mort, sans parler de la malchanceuse victime civile. M. Parker devait mettre de l'ordre dans tout ça, en commençant par Telly. Mais d'abord il fallait lui poser quelques questions et voir s'il avait l'argent.

C'était le boulot de Sid de l'interroger, et il allait employer la manière forte.

Sans Couilles se gara à côté de Sid et ils discutèrent de ce qu'ils avaient entendu dire dans la rue. Personne ne mentionnait la somme volée, mais toute la ville était en alerte. Les flics recherchaient le tueur de la camionnette de boulanger volée. Du moins, c'était ce que prétendaient les infos.

Telly avait une heure de retard lorsqu'il arriva enfin au volant de la Buick. Sans Couilles et Sid furent surpris de le voir même honorer ce rendez-vous. Telly se gara, sortit de la voiture et s'approcha d'eux, l'air gêné.

Sans Couilles s'y colla le premier.

— Putain, qu'est-ce que tu foutais, enculé ?

Johnny était petit. Il portait un costume trop court et parlait toujours vite. Il n'avait jamais eu personne à qui donner des ordres et il profitait pleinement de la situation.

Sans Couilles donna à Telly une tape sur le haut du crâne pour obtenir son attention.

— Où t'as planqué la thune, espèce de connard ?
— Relax, Johnny, dit calmement Sid.

Sans Couilles regarda autour de lui. Il avait fichu la trouille au junkie, l'avait mis exactement dans l'état qu'il souhaitait.

— Il fait chier, ce bouffon, Sid. J'ai passé ma journée à me geler ici en attendant ce type.
— Eh, c'est n'importe quoi ! protesta Telly. Putain, on m'a tiré dessus, mec ! *Tiré dessus !* Et j'ai vu mon pote mourir sous mes yeux.
— Bruiser ? Vous étiez pas vraiment comme cul et chemise. C'est pas comme si vous jouiez au fer à cheval ou faisiez des bowlings ensemble.

Telly secoua la tête et dit que ce n'était pas vrai du tout.

— T'es content qu'il soit mort, espèce d'enfoiré ! Maintenant, où t'as foutu ce putain de fric ?

Sans Couilles assena à Telly un robuste uppercut sous les côtes et Telly s'effondra.

— OK, Johnny, calme-toi, mon gars. (Sid passa un bras par la vitre et frappa sur la portière à côté de la tête de Telly.) Allez, Telly, monte.

Telly leva les yeux. Sid lui adressa un signe de la main.
— Grimpe, Telly. On va faire une petite balade. Parler de tout ça dans la voiture.

Telly ne voulait pas.
— Allez, monte.

Il faisait un froid glacial. Sid remonta la vitre et regarda Telly à travers la fenêtre.

Telly savait qu'il n'avait pas le choix. Sa meilleure chance de ne pas se prendre une balle dans la tête était d'entrer dans le jeu. Ils ne pouvaient pas le tuer, du moins tant qu'ils ne savaient pas s'il avait l'argent. Mais ça lui laissait le temps de trouver une solution.

Sans Couilles ouvrit la portière arrière et empoigna Telly par le bras. Il le déséquilibra et le palpa de haut en bas. Ayant vérifié qu'il n'avait pas d'armes, il le poussa tête la première sur la banquette arrière.

Sid éclata de rire. Johnny était un vrai dur. Le moindre soupçon de pouvoir lui montait à la tête.

Johnny se laissa tomber sur le siège passager et Sid alluma la radio. La chaîne satellite diffusait de la musique des années 1980 que Sans Couilles ne supportait pas.

La brise fit entrer dans la voiture l'odeur de viandes grillées de chez Montgomery et Sans Couilles dit :

— Il faut que je bouffe un truc, Sid.

Sid éteignit la radio avec la commande du volant.

— Je pensais que t'avais mangé, Johnny. Je t'avais dit d'aller au Burger House.

Johnny répondit qu'il n'avait pas mangé.

— Putain, y avait la queue tout autour du restaurant, Sid. Et puis j'ai pas envie de hamburger. J'en ai marre des burgers. On bouffe des burgers tous les jours.

— Moi j'aime bien les burgers, Johnny.

— Moi aussi, Sid. Mais pas tous les jours, merde.

Sid haussa les épaules. Il demanda à Sans Couilles de quoi il avait envie.

— Il y a un super buffet mexicain Plus loin sur la route. Je me prendrais bien une *chalupa*.

Le resto mexicain tentait bien Sid, mais ils avaient d'abord une mission à accomplir. Le genre de mission qu'on réussit le mieux quand on a le ventre creux.

— Je crève, moi, ici.

— Plus tard, Johnny, lui rappela Sid.

— Moi aussi je mangerais bien quelque chose, lança Telly depuis l'arrière.

Sans Couilles se retourna et pointa le doigt sous le nez de Telly.

— Toi, trouduc, tu la boucles ! On t'a rien demandé, putain.

Sid remit la radio en marche et chanta *We Built This City* tout en tambourinant sur le volant avec ses doigts. Sans Couilles trouva qu'avec son accent anglais il chantait comme un pédé.

Je décrochai dès la première sonnerie, simplement parce que j'étais tout près. Je m'attendais à entendre la voix du commissaire Caraway, mais c'était Big Tony. Il dit que nous devions nous voir.

— Eh, tu connais ce junkie qui traîne avec Bruno et toute la clique ? Telly ?

Je regardai Frank tirer sa chaussure par la languette d'un bout à l'autre de la pièce. Je ne visualisais aucun individu nommé Telly. Ou même Bruno. Je dis à Big Tony que je ne voyais pas.

— Mais si, Valentine. Bruno bosse pour Joe Parker. Un grand type. Italien. Sauf que je sais pas s'il est vraiment italien.

Je n'avais aucune idée de ce qu'il voulait dire.

— Tu sais, genre les cheveux gras. Il a un accent new-yorkais, mais c'est n'importe quoi. J'ai entendu dire qu'il est du Kansas. Il croit que personne s'en rend compte.

Soudain, je mis un visage sur ce nom. C'était le mauvais accent que je me rappelai, comme s'il avait passé des années à s'entraîner devant un miroir.

— C'est Bruiser, dis-je. Ils l'appellent Bruiser.
— C'est ça.
— Eh bien, quoi ? voulus-je savoir.
— Pas lui, le junkie qui bosse avec lui.
— Le junkie ?
— Ouais, Telly. Tu lui es pratiquement rentré dedans quand t'es sorti du Cowboy Roy.

Je tâchai de me remémorer, mais en vain. J'avais beau essayer, je n'avais aucun souvenir d'être sorti du Cowboy Roy.

— Tu vois de qui je parle ?
— Ouais, bien sûr, mentis-je. Et alors ?

Big Tony me dit ce qui s'était passé après mon départ. Le junkie était dans le pétrin. Il cherchait de la méth et il comptait sur Big Tony pour le ravitailler.

Big Tony ajouta que Telly était sur un gros coup, et qu'à l'entendre ça aurait bien pu être la banque.

— Qu'est-ce que tu lui as dit ?
— Je lui ai dit que j'allais voir ce que je pouvais faire. Je suis censé le rencontrer ici dans une minute.

Je glissai les pieds dans mes chaussures et cherchai des yeux les clefs de la Vic. Je fourrai une bouteille de Corona dans chaque poche de ma veste et saisis un gobelet en plastique jaune sur ma table en carton. Je le remplis avec les quatre glaçons restant dans mon petit bac à glace inutile. Puis je pris une bouteille à moitié vide de Mountain Dew éventé dans le mini-frigo et la bouteille de Southern Comfort sur mon bureau.

Je me préparai à boire, puis dis au revoir à Frank qui était tapi dans un coin, le menton sur sa Converse. Je me rendis avec empressement jusqu'à la Vic.

———•———

Je retrouvai Big Tony au bowling Crestwood. Doyle occupait le siège passager de la Lincoln. Ils étaient en pleine conversation quand je montai à l'arrière.

— Alors, les gars, quoi de neuf ?

Doyle se tourna vers moi. Il avait un air de représentant de commerce, ce qu'il était. Ses cheveux roux grisonnaient sur les bords et son sourire s'étalait sur ses grosses bajoues. Son costume marron semblait assez raide pour tenir debout sans cintre, comme la victime d'une expérience de teinturerie qui aurait mal tourné. Il avait l'air abrupt d'un type qu'on ne voudrait pas avoir comme voisin.

Doyle était un escroc, un voleur de bijoux et un cambrioleur. Et il était doué, il possédait les relations qu'il fallait. On pouvait compter sur lui pour toujours régler ses comptes.

Je demandai à Doyle comment il allait et bus une gorgée dans mon gobelet en plastique jaune.

— Bon sang, Valentine, dit-il, tu pues comme une putain de brasserie.

J'avalai une gorgée de poison et répliquai que j'étais à court d'eau de Cologne.

Puis je lui dis ce que *je* pensais. Selon moi, il était temps qu'il arrête les hot dogs au chili.

— Tu devrais peut-être faire du vélo. Monter des escaliers.

Je pensai à Frank en prononçant ces mots.

Big Tony tenta de se retourner, mais il était plus gros que Doyle. Il grogna, passa la langue au coin de la bouche comme s'il se concentrait, mais pour autant que je pusse en juger, il ne réussit pas à pivoter réellement. Vaincu, il se remit face au pare-brise et me regarda dans le rétroviseur tandis que nous parlions. Il dit qu'ils avaient des infos.

— Ça a bien l'air d'être l'équipe de Joe Parker, dit Doyle.

— Il se raconte que le cadavre dans Peacock Street était celui de ce graisseux, Bruno, ajouta Big Tony.

— Bruiser ?

— Ouais, lui.

— Le débile qui a un drôle d'accent ?

— Le débile qui a un drôle d'accent.

Je pris le temps de digérer la nouvelle. Un junkie avec autant d'argent sur lui ne vivrait pas longtemps. Quelqu'un y veillerait forcément.

— Ce connard de Telly a ramassé combien de cash ?

Big Tony leva les mains au ciel. Il ne savait pas. Doyle secoua la tête également.

Je pris une nouvelle gorgée de Southern Comfort et de Mountain Dew et pensai à ce que j'allais faire ensuite. Le tableau commençait à se former dans ma tête. Toutes les pièces du puzzle s'assemblaient. Bruiser et Telly avaient rendu visite à Norman Russo et l'avaient tué à coups de batte de base-ball. Puis ils s'étaient débrouillés comme des manches en voulant faire croire qu'il s'était suicidé. Telly avait sans doute écrit le message.

— Alors ? demanda Big Tony.

J'avais besoin de temps pour réfléchir. Tout était allé très vite et l'argent qui serait éventuellement récupéré après le braquage serait à partager en trois et non en un – une chose que je n'aimais pas, mais que j'acceptai. Je bus la dernière gorgée d'alcool et les deux derniers glaçons basculèrent, m'éclaboussant le visage. Je m'essuyai la lèvre avec la manche.

Doyle me regarda et je devinai qu'ils allaient partir à la recherche de l'argent avec ou sans mon aide. Mes options étaient limitées : travailler avec eux ou tout seul.

Dans la rue, trois paires d'yeux valaient mieux qu'une. Je secouai les glaçons dans mon verre.

— OK, dis-je. Je suppose que vous avez un plan ?

Doyle et Big Tony avaient cogité ensemble. Le plan qu'ils proposaient était simple.

Ils allaient se pointer au lieu de rendez-vous sans la drogue et ils le dépouilleraient.

— C'est *ça* le plan ? m'exclamai-je.

Big Tony haussa les épaules.

— Pour moi, ça marche.

— Ça marche pour moi aussi, renchérit Doyle.

Je sortis une Corona de la poche de ma veste et dis à Big Tony de monter le chauffage.

IL régnait un froid mordant dans la crypte de la vieille église. Une épaisse couche de glace recouvrait les vitraux, tandis que chacune de leurs respirations emplissait un moment la salle de chaleur. Le corps nu de Telly était attaché à la chaise en métal. Ses pieds étaient immergés dans des seaux métalliques remplis d'eau glacée, presque gelée autour de chaque pied.

— Penche-le en arrière, ordonna Sid.

Telly affichait une blancheur maladive et tremblait tellement que ses dents s'écrasaient les unes contre les autres quand il essayait de parler.

Sid écarta les seaux d'un coup de pied lorsque Sans Couilles le renversa, et de l'eau se répandit au sol. M. Parker avait acheté ce bâtiment pour une bouchée de pain lors d'une vente aux enchères. À présent, ils l'utilisaient comme entrepôt ou comme endroit pour découper les corps.

— Eh, tête de nœud ! aboya Sans Couilles.

Il gifla Telly pour le réveiller.

— Tu m'entends ? hurla Sans Couilles. On va t'obliger à nous parler, tu vas voir.

Telly gémit et se recroquevilla autant qu'il le pouvait.

— Où est le fric ? réclama Sid. Et n'essaie pas de me mentir, enculé.

Sans Couilles ouvrit sa boîte à outils.

— Allez, Telly. T'as déjà oublié où tu l'as caché ?

Le visage de Telly devint inexpressif. Il cherchait les mots qui le sauveraient, mais sa bouche était paralysée par le froid et la peur.

— Tu te rappelles ? lui demanda Sid.

Sans Couilles haussa les épaules.

— Je crois qu'il se souvient pas.

— Eh bien, il se souviendra d'avoir été torturé, dit Sid.

Telly s'agita comme un forcené.

— Vas-y, gueule si tu veux. Y a personne pour t'entendre.

Quand Sans Couilles posa la boîte à outils à côté de ses pieds, Telly commença à gigoter sérieusement.

— T'as pas l'air dans ton assiette, dit Sans Couilles avec indifférence tout en prenant un marteau.

Mais ce n'était pas un marteau ordinaire. C'était un marteau industriel en acier inoxydable, de quatre kilos. De ceux qu'on emploie pour enfoncer des piquets dans le sol quand on plante un chapiteau de cirque. Il était flambant neuf. Sans Couilles arracha avec ses dents l'étiquette de prix attachée à la poignée.

Sid devait avouer que cet outil inspirait le respect.

— Où t'as dégoté cette saloperie, Johnny ?

Johnny Sans Couilles sourit comme un petit garçon qui vient de nouer ses lacets correctement pour la première fois. Son visage rond était radieux, conscient de son importance. Les rides autour de ses yeux s'élargirent lorsqu'il parla :

— Chez Lowe, dit-il avec fierté. Je l'ai trouvé en promo à 19,99 dollars.

— Et pas cher, avec ça, ce fils de pute.

Sid hocha rapidement la tête et haussa un sourcil, exprimant son approbation réelle pour un aussi bon rapport qualité-prix. Il savait où il achèterait son prochain marteau.

Telly était maintenant parcouru de mouvements incontrôlables. Ses pieds n'étaient plus que de gros blocs de glace. Il était avachi et s'efforçait de ne pas pleurer. Sid le saisit sous les aisselles pour le redresser. Il tira fort et un peu de la peau du cul de Telly s'arracha et resta collée à la chaise métallique gelée. En se détachant, la peau fit un bruit net et sec, comme un papier qu'on déchire.

Telly n'apprécia pas et commença à crier.

— Désolé, lui dit sincèrement Sid.

Puis Sans Couilles broya le pied droit de Telly avec le marteau et écrabouilla ses orteils gelés.

Le marteau à vingt dollars s'abattit avec une force terrible et Sid sentit les ondes de choc se répercuter depuis le béton jusque dans ses chaussures. Telly péta les plombs. À cause de ses embardées, un autre morceau de peau fixé à la chaise se désolidarisa de son cul. Il émit des notes haut perchées, de plus en plus aiguës, qui traduisaient sa douleur insupportable.

Puis Sans Couilles leva le marteau.

Sid vit que le petit orteil difforme de Telly était resté collé au marteau. Tous deux ricanèrent, et Sid dit à Sans Couilles de le lui donner à bouffer.

Sans Couilles haussa les sourcils et répondit que c'était une vachement bonne idée.

Sur le visage de Telly se peignit un air d'authentique terreur.

Dans un élan soudain, Johnny fourra l'orteil dans la bouche de Telly qui hurlait et le doigt de pied fut avalé, déclenchant de nouveaux rires.

— Coup de bol, lui dit Sid.

Johnny répondit qu'il le savait.

Telly recracha l'orteil avec une énergie plus grande que n'aurait dû en être capable un individu dans sa situation, et le doigt de pied percuta le menton de Sans Couilles. Un nouveau moment d'hilarité s'ensuivit. Ils s'amusaient bien. Pendant un instant, ils oublièrent combien il faisait froid dans ce sous-sol, oublièrent qu'ils avaient faim. La torture ressemblait beaucoup à la chasse aux cailles ou à la pêche au bar. Beaucoup de gens auraient hésité à appeler ça un sport, mais il y avait quelque chose dans le fait de torturer un homme qui faisait ressortir l'esprit de compétition entre les deux acolytes.

Sid se recula d'un pas, tira de la poche de son manteau une bouteille de liqueur de mûre De Kuyper et laissa l'épais sirop descendre dans son gosier. Il embrassa la légère chaleur que cette boisson lui procurait, puis en proposa une rasade à Sans Couilles.

Telly se mit à jurer et à hurler. Il était furieux à cause de son orteil, mais ce qu'il voulait plus encore qu'un nouvel orteil, c'était une nouvelle dose de came. Son but : vivre assez longtemps pour reprendre de la méth. Il vociféra contre Sid et Sans Couilles. Dit à Sans Couilles d'aller enculer sa mère.

Sid gloussa et Telly lui dit d'aller enculer son père.

Sid n'apprécia pas ; il était las des cris de Telly. Il voulait savourer l'instant précis où le frisson de la liqueur se déclenchait en lui, et il lui était difficile d'en jouir pleinement avec Telly qui braillait. Sid attrapa le dossier de la chaise et la traîna sur le sol pour la placer exactement au-dessus du tuyau d'évacuation. Il sortit son revolver de son étui.

Les yeux de Telly s'enflammèrent tout à coup. Il fit ce que tout le monde faisait dans sa situation. Il se mit à supplier. Il voulait conclure un marché. Il admettait finalement qu'il avait l'argent.

— Ah, *maintenant* t'as le fric. Si t'avais le fric, on serait pas ici, espèce de branleur.

Sid braqua l'arme sur Telly, poussa le canon d'acier contre sa chair froide. Telly se mit à lâcher des gaz. Des flatulences profondes et impérieuses qui ricochaient avec un vacarme tonitruant sur la chaise métallique. Il annonça qu'il allait se chier dessus.

— OK, hurla Telly. OK, OK, j'ai le fric ! (La salive jaillit de sa bouche.) OK, je le jure, je l'ai. Je suis désolé, Sid. Me bute pas, putain, je vous le donnerai. On peut partager en trois.

Sid secoua la tête de gauche à droite. Il disait non à Telly avec ses yeux.

Telly se mit à pleurer.

— *Regardez mes orteils, bande de pédés !*

Sid recula d'un pas et perfora le front de Telly d'un trou rond. Son corps s'agita d'avant en arrière, la chaise se balança un moment sur deux jambes puis tomba sur le côté. Sid tenta d'éviter toute tache de sang sur son costume, mais malgré ses précautions hâtives, il n'en fut pas moins copieusement éclaboussé.

Sid regarda sa veste tout en rangeant son revolver.

— Bordel de merde.

Johnny rigola et dit qu'il voulait un taco, ce qui convenait très bien à Sid. Il se faisait tard, et il mangerait bien un morceau. Ils allaient juste laisser Telly se vider de son sang. Ils pourraient toujours débiter le corps après le déjeuner.

Nous attendîmes au bowling Crestwood jusqu'après la tombée de la nuit. Aucun signe de Telly ou de l'argent. Nous écoutâmes le scanner et la radio. Pour autant qu'on sût, il était toujours en cavale.

Comme j'avais un intérêt financier dans l'affaire, je suivis la Lincoln pour regagner le Cowboy Roy. Il fallait qu'on discute sérieusement. Qu'on se donne un peu de mal, si on voulait être payés.

Je m'étais servi de la cabine téléphonique située à l'extérieur du bowling pour appeler le commissaire Caraway. Je lui demandai ce qu'il savait.

— Ces gars-là sont soit drôlement chanceux, soit drôlement malins, me dit-il.

Il me redemanda ce que je savais sur Norman Russo mais je gardai pour moi ce que j'avais appris. J'avais encore quelques cartes à jouer. Je m'abstins de mentionner mes relations avec Big Tony et Doyle.

Le commissaire me dit :

— Essaie de creuser un peu plus. Fais ce que t'as à faire.

Il dit que c'était important. Peut-être que si j'élucidais cette affaire, il pourrait faire jouer ses relations. Il serait ravi de me voir revenir dans la police.

Quand il me demanda si je buvais toujours, je lui dis que je maîtrisais la question, que j'étais sobre comme un chameau. Et de fait, chaque jour, pendant quelques heures, je l'étais.

— Je veux que tu travailles là-dessus avec un de mes gars.

Je fus surpris d'entendre ça. En général, quand je travaillais pour le commissaire c'était à titre officieux. Je faisais les choses à ma manière et j'obtenais des résultats. Je n'étais pas lié par les contraintes habituelles. Des expressions comme *respect des procédures* ou *droits Miranda* ne faisaient pas partie de mon vocabulaire. Mon père avait toujours respecté les règles et j'avais vu où ça l'avait mené.

— Vous pensez à qui ? demandai-je.
— Ron Beachy.
Surpris, je demandai :
— Ron l'Amish ?
— Lui-même, répondit le commissaire Caraway.

Je lui dis que c'était parfait. Que j'étais heureux de rendre service, mais que travailler sur cette affaire avec l'inspecteur Beachy allait tout foutre en l'air pour moi. Ron l'Amish était une légende dans la police. Il avait grandi dans une communauté amish, mais quelque part en chemin il avait fini par se convertir pour devenir des nôtres. J'imagine qu'il y avait une limite au nombre de granges qu'un type pouvait construire sans se lasser.

Le parking était plein à craquer quand nous arrivâmes au Cowboy Roy's Fantasyland. Il y avait bien une centaine de personnes qui se tenaient là, à manger et boire dans le froid.

Big Tony et Doyle avaient des projets ; ils feraient tout ce qu'il faudrait pour mettre la main sur l'argent. D'après la rumeur, quelqu'un avait été payé. Pas assez pour financer une révolution, mais plus qu'assez pour se faire descendre. Si Telly était aussi idiot qu'il en avait l'air, il était déjà mort.

Je garai la Vic et goûtai le début de ce qui allait sans aucun doute être encore une cuite mémorable tandis que, debout à côté de la Lincoln, j'attendais que Big Tony prenne une autre ligne de coke. Il en proposa une à Doyle, mais Doyle ne touchait jamais à la came. Il ne gâchait pas non plus son temps à boire, parce que cela lui aurait fait perdre un temps précieux pour voler. Quand Doyle n'était pas en train de commettre un vol, il pensait à en commettre un. Ou il se préparait à voler quelque chose. C'était le genre de type qui rêve de vol toutes les nuits. Et quand Doyle avait des insomnies, il ne comptait pas les moutons – il les volait.

Même la montre qu'il portait au poignet appartenait à quelqu'un d'autre, un voleur patenté nommé Chuck Porter. Lui et Doyle se connaissaient depuis l'époque où Moïse était en culotte courte, et une rivalité sans équivalent les opposait. Chacun essayait d'être meilleur voleur que l'autre dans le cadre d'une compétition amicale que Doyle finit par remporter lorsque Chuck périt asphyxié dans un coffre où il s'était laissé enfermer par mégarde.

Faisant montre d'une audace admirable, Doyle avait dérobé la montre que Chuck avait au poignet dans son cercueil, sous les yeux de tout le monde, lors de son enterrement. Depuis, Doyle la portait toujours.

Je descendis d'un trait ce qui me restait de Corona et jetai la bouteille dans la benne à ordures. Nous passâmes devant des gens qui bravaient le froid. Qui buvaient de la bière et mangeaient du chili.

Big Tony franchit le premier la porte par laquelle j'étais sorti en titubant moins de quatre heures auparavant. Ce même seuil où j'avais bousculé ce putain de connard de junkie, Telly. *Bordel de Dieu*. Si seulement j'avais su. Il avait probablement l'argent sur lui. Je faisais un fameux détective.

Big Tony se dirigea vers sa table et Doyle se fraya un chemin jusqu'aux chiottes. Il dit que c'était à cause du chili qu'il avait mangé avant, le truc qu'ils servaient sur le parking.

Je l'interrogeai à ce sujet.

— Tous les soirs de novembre. Je ne peux pas manquer le Mois du Chili.

Effectivement. Pour moi, qui aimais depuis toujours les stripteaseuses *et* le chili, il y avait quelque chose d'extraordinaire dans l'idée de combiner les deux sous un même toit. C'était presque comme si Cowboy Roy en personne avait créé un Paradis utopique destiné à piéger les hommes pendant des heures, leur soutirant leurs dollars durement gagnés tout en leur proposant dans le même temps deux des choses les plus formidables que la vie puisse offrir.

J'attendis que Flames vienne me servir, mais ce fut une nymphette qui prit ma commande. Elle était seins nus et portait des piercings de différentes couleurs dans chacun de ses tétons fermes.

Je lui demandai si ça lui faisait mal.

— J'y ai pas pensé.

Elle se détourna rapidement. Elle se jugeait trop bien pour moi et elle avait peut-être raison. Je contemplai les reflets de la lumière sur ses bijoux. Son visage rayonnait la nausée et la révulsion. Sans lever les yeux, elle me demanda ce que je voulais.

— Un verre de Patron. Un verre de Jim Beam. Une Corona. Et un Captain n' Coke.

Cette énumération finit par susciter son attention. Elle voulait se plaindre mais s'en abstint.

— OK, dit-elle.

Elle revint avec les deux premiers verres et je les vidai avant qu'elle m'apporte ma bière. Lorsqu'elle posa la Corona sur le bar, je lui pris des mains la bouteille de Captain Morgan et la descendis également.

Je levai un doigt. Lui indiquai que ce n'était pas tout.

— *Encore ?*

— Quand il s'agit de boire, je déconne pas.

Je lançai sur le comptoir un billet de vingt qui était loin de suffire et lui dis de me servir encore une fois.

J'entamai sérieusement la Corona ; j'avais englouti le Captain Morgan. La nymphette n'était toujours pas revenue avec ma tournée suivante.

À ma droite, un homme portant un polo au moins une taille trop petit jeta un coup d'œil vers moi et essuya la mousse sur son énorme moustache. C'était une sacrée moustache, pas de doute là-dessus, une Fu Manchu à l'air viril, qu'on avait laissée pousser avec ardeur et taillée avec précision. Je pouvais à peine imaginer la fierté que devait inspirer un tel attribut et la responsabilité terrible qu'imposait une moustache de cette ampleur.

J'aurais aimé que Baby Doll se grouille. Doyle et Big Tony étaient attablés et préparaient leur plan sans moi. Il fallait que je les rejoigne. Ils allaient essayer de m'écarter si je leur en laissais l'occasion.

À l'autre bout du bar, je pouvais voir la fille flirter avec un type plus jeune et beaucoup plus beau que moi. Il était aussi plus grand et portait un costume de qualité. Elle était en train de travailler cet étalon comme une pro, lui poussant dans la figure ses nichons en plastique et sa quincaillerie en aluminium.

J'étais prêt pour un autre verre, mais elle traînait, poursuivant son propre intérêt sans se soucier de mon programme d'alcoolique.

— Magne-toi le cul, poulette, glapis-je.

Pas assez fort pour qu'elle m'entende par-dessus la musique, mais assez fort pour éveiller l'intérêt de Capitaine Moustache. Il me demanda si j'avais un problème.

— Bien sûr que j'ai un problème, enculé ! Je voudrais que cette fille soit sur des rollers !

Il se leva avec une force qui fit vaciller son tabouret. Puis il m'affronta en silence, laissant sa moustache parler pour lui.

Je n'aimais pas la direction que prenait notre conversation. Je savais qu'il valait mieux agir vite.

Je lui tendis tout à coup ma bière, sans prévenir.

— Là, tiens-moi ça, dis-je en lui posant ma Corona dans la main, d'une voix ruisselante d'autorité.

Ses doigts se refermèrent automatiquement sur la bouteille. Puis il regarda un moment sa main, détachant ses yeux de moi tandis qu'il se demandait pourquoi diable il était en train de tenir ma bière.

C'est là que je lui donnai un violent coup du plat de la main sur la gorge. J'enchaînai avec un crochet du droit dans l'orbite, puis lui enfonçai mon genou dans les couilles afin de lui faire perdre l'équilibre. Bizarrement, il ne lâcha pas la bouteille et je pus la récupérer avant qu'il s'écroule à terre.

La nymphette finit par revenir. Cette fois, elle gueulait. Elle me demanda ce que signifiait ce bordel.

— Appelez les urgences, dis-je. Cet homme vient d'avoir une crise cardiaque.

Je finis ma bière et avalai la tequila. Puis je descendis le Beam et le Captain. Je la remerciai pour tout et lui dis qu'elle avait des tétons magnifiques. À la faveur de l'hystérie générale qui s'ensuivit, je pus reprendre mes vingt dollars sur le bar sans que personne ne le remarque.

Je partis m'asseoir à la table de mes associés, non sans avoir essuyé mes jointures ensanglantées sur le dos d'un gros bonhomme que je frôlai.

Quand je pris place, la conversation cessa brusquement. La bouche de Big Tony resta ouverte comme si la charnière de sa mâchoire était cassée et que le poids de ses dents la rendait impossible à fermer.

— Putain, c'était quoi, ça?

Il semblait ahuri.

Je bus une gorgée et haussai les épaules. Je ne voyais pas de quoi il voulait parler.

Doyle secoua la tête.

— Ressaisis-toi, mec.

J'assurai à Doyle et Big Tony que tout allait bien. Je leur expliquai que j'étais un alcoolique parfaitement opérationnel. Je n'avais pas peur de l'admettre. Cela faisait longtemps que j'avais accepté ce fléau. Je l'assumais. Personne n'attendait grand-chose d'un ivrogne et j'utilisais cela à mon avantage.

Je terminai ma Corona et reposai la bouteille un peu trop fort sur la table.

— Parlons un peu, dis-je.

Big Tony avait sorti sa boîte et la tapotait du doigt. Il regarda autour de lui et je lus dans ses pensées; il avait envie d'une autre ligne, mais il était trop paresseux pour aller jusqu'à la voiture. Il faudrait qu'il attende le bon moment avant de déployer son matériel.

Doyle se pencha au-dessus de la table et fit craquer ses articulations, prêt à passer aux choses sérieuses.

— Voilà ce qu'on va faire, dit-il. On va suivre la bande et voir ce qui se passe.
— La bande de Parker ? demandai-je.
— Ouais.
— On peut faire ça, intervint Big Tony.
Doyle hocha la tête.
— Ça peut pas être bien difficile. Du moment qu'on les lâche pas, on trouvera le fric. Enfin, s'ils l'ont.
Il semblait dubitatif.
— Et le junkie ? demandai-je. On pense qu'il est mort ?
Ils dirent tous deux qu'il devait être mort ou qu'il le serait bientôt. Ils avaient forcément raison. Même si Telly avait réussi à rester en vie, il y avait fort à parier qu'il n'avait plus l'argent. Le fait qu'il ne soit pas venu au rendez-vous où Big Tony devait le ravitailler en drogue ne faisait que confirmer nos soupçons. Non que Big Tony, pour sa part, eût été chanceux. Il n'avait toujours pas trouvé de dope.
Nous discutâmes un moment de Joe Parker et de sa bande.
Big Tony déposa un petit monticule de poudre sur son miroir avec la plus totale désinvolture. Que nous soyons entourés de types bouffant du chili dans une boîte de strip-tease n'avait pas l'air de le gêner le moins du monde.
Doyle n'aimait pas ça, mais à ce qu'il semblait Big Tony s'en sortait en toute impunité.
— Dépêche-toi et range-moi cette merde, dit-il.
Je tirai de ma poche un flacon d'OxyContin et cherchai des yeux une serveuse qui fût à portée de voix. Je remarquai que l'autre connard à la moustache en guidon de vélo était parti, mais deux de ses potes me regardaient

d'un sale œil. Ça ne me gênait pas. Mais après quelques verres, je trouverais sûrement à y redire.

Ouvrant le flacon de comprimés, je levai les yeux et m'aperçus que Doyle et Big Tony me dévisageaient, tous deux avec des mines exprimant la plus totale désapprobation.

— Quoi ?

— Nom de Dieu, Valentine, dit Big Tony. Tu te bourres de pilules, en plus ?

J'informai ces voleurs dégénérés que je traversais une période difficile et que ce médicament m'était prescrit par mon médecin. J'en prenais deux par jour. Et pas parce que je souffrais d'une quelconque blessure, mais simplement parce que j'aimais l'effet qu'il me faisait. L'euphorie momentanée, si éphémère fût-elle, se mariait bien avec l'alcool et la coke.

Doyle se renfonça sur sa chaise et croisa les bras. Il m'avait pris sous son aile protectrice et me lançait un regard de forte désapprobation paternelle.

Big Tony me dit que je devrais peut-être ralentir le rythme.

J'avais beau être touché par leur sollicitude, je trouvais absurde de recevoir des conseils spontanés sur mon addiction de la part d'un homme qui s'apprêtait à sniffer de la cocaïne. Et je refusais d'être jugé par quiconque portait la montre volée d'un défunt prénommé Charlie.

Doyle se leva et partit vers le bar. Me dit qu'il me prendrait une bière.

— Merci, répondis-je. Rapporte-moi un Seven 'n' Seven, tant que tu y es.

Big Tony sniffa une ligne de cocaïne avec une discrétion qui me surprit, puis il glissa son miroir à travers la table. Il n'y avait plus vraiment de quoi s'exciter, mais je me léchai le doigt et ramassai tout ce qui y restait. Je me frottai vigoureusement l'intérieur de la bouche, puis attendis que la torpeur s'installe.

Je n'eus pas à attendre longtemps. Une absence accablante de sensation s'abattit sur mes gencives comme un rêve induit par la novocaïne, tandis que la musique rap lançait un assaut féroce. Les vibrations provenant des haut-parleurs massifs suspendus au plafond firent danser le fox-trot à travers la table à ma Corona.

Pendant une seconde, tout fut parfait. Comme si le monde était mon esclave et que j'avais tout ce qu'il me fallait.

Big Tony arrêta une grande danseuse mince aux longues nattes blondes, juchée sur d'énormes chaussures compensées roses aux talons d'au moins vingt centimètres de haut. Son corps était ferme et rasé de frais. Je regardai ses muscles abdominaux se contracter et se relâcher sous la lumière cruelle de l'unique ampoule qui brillait faiblement au-dessus de notre table maculée de bière.

Elle prit la commande de Big Tony, puis me demanda ce que je voulais.

Je la regardai fixement et lui répondis avec mes yeux.

Elle dit que j'allais devoir me montrer plus clair.

Je me redressai sur ma chaise en adoptant une posture raide et impérieuse.

J'expliquai que je possédais une langue habile qui faisait pleurer les femmes. Peut-être, dans d'autres circonstances, pourrais-je lui en offrir la démonstration. Puis je lui demandai une double dose de Maker's Mark, une Corona et un verre de Quervo Gold. Avec un citron vert, de préférence.

Elle s'éloigna, abasourdie.

Doyle revint et me mit dans la main ma nouvelle Corona. Il me dit qu'ils venaient juste de tomber à court de Seagram.

Je lui répondis de ne pas s'inquiéter, tout en déposant sur ma langue un nouvel Oxy. Doyle dit qu'il ne s'inquiétait pas, puis il se rassit et nous fit part des informations qu'il avait récoltées.

Le bras droit de Parker était un dénommé Sid l'Angliche. Il me demanda si je le connaissais.

Je lui dis qu'il me semblait bien. Ça ressemblait au connard numéro un de Parker.

— Ouais, c'est ça, c'est lui, poursuivit Doyle. Eh bien, j'ai réfléchi. À mon avis, c'est ce Sid l'Angliche qu'on doit suivre. On le suit et il nous mènera au fric. À supposer qu'il l'ait. À supposer que cet enculé de junkie soit dans le coup.

Doyle lança un regard interrogateur à Big Tony, mais Big Tony était déjà convaincu.

— Telly est dans le coup. Il me l'a pratiquement avoué, ce petit merdeux.

— Ouais, je sais pas trop, fit Doyle en haussant les épaules. J'ai quand même l'impression que tu supposes beaucoup de choses.

Doyle avait raison. Big Tony supposait beaucoup de choses. Mais ils n'étaient pas au courant pour Norman Russo, détail qui pouvait s'avérer crucial.

Quelques minutes s'écoulèrent sans un mot, tandis que je continuais à boire à un rythme dont tout buveur de compétition aurait été fier. Je finis par rompre le silence avec un rot retentissant et une idée lumineuse.

— On n'a qu'à suivre cet enfoiré. On se relaiera. Et on commence maintenant.

Je me proposai pour être le premier, sachant fort bien que je n'aurais pas à le faire.

Doyle fit claquer ses mains l'une contre l'autre et se pencha en avant.

— C'est exactement ce que je dis ! Si Parker est derrière tout ça, et il est probablement derrière tout ça, alors cet enfoiré d'Angliche doit être dans le coup lui aussi. On le suit et il nous mènera à l'argent.

Doyle proposa de commencer la filature, comme je savais qu'il le ferait.

Je devinai que le dodelinement de la tête de Big Tony signifiait son approbation. Il tapotait son kit à coke du doigt.

— C'est la seule chose à faire, dis-je. Mais ça ne fait pas vraiment un plan.

Doyle haussa les épaules et me demanda si j'avais mieux à suggérer.

Je vidai la deuxième moitié de ma bouteille et la reposai plus doucement, cette fois. Leur dis que je ne savais pas. On n'avait pas grand-chose à se mettre sous la dent.

Je ne mentionnai pas mon rôle auprès du commissaire. Il me semblait préférable de laisser certaines choses dans l'ombre.

Avant que nous ayons pu discuter davantage, l'élégante blonde – celle que je n'avais pas su enchanter avec mes promesses creuses et mes avances pornographiques – reparut sur le monstrueux piédestal de ses chaussures.

Elle posa le plateau sur la table et Big Tony s'empara de sa bière et lui dit de l'ajouter à son ardoise.

Puis elle me regarda, de sorte que je lui donnai un billet de vingt et un de dix. Je la remerciai d'être aussi parfaite.

Elle soutint mon regard pendant qu'elle empochait mon argent. Ses yeux étaient des blocs de jade brut, scintillants au milieu d'étangs de luxure. Tout dans sa bouche et sa gorge était une mise en garde. Elle forma un baiser parfait avec ses lèvres qui disaient *fessez-moi* et sortit à jamais de mon existence, mais elle parcourut le chemin de la honte jusqu'au poteau de strip-tease avec une grâce incommensurable.

Doyle paraissait impressionné.

— Je pense que tu pourrais peut-être te la faire, Valentine.

Je ne répondis rien. De tels moments parfaits n'arrivaient pas souvent.

J'avalai cul sec mes deux premiers verres et envisageai de commander une assiette de chili.

Ils passèrent la soirée avec l'essentiel du corps de Telly dans le coffre de la voiture de Sid l'Angliche.

M. Parker avait ordonné de le découper. Il voulait que ce soit fait à *sa* manière. Il leur dit de réserver à Telly un traitement spécial – sa façon à lui de dire qu'il fallait le débiter en huit morceaux. Les jambes devaient être coupées en deux. Chaque bras détaché à l'épaule. La tête séparée du torse.

M. Parker appelait ça *Le Huit Pièces*. Cela simplifiait le transport des membres lors de leur élimination. Mais la perspective de scier des os et des muscles pendant des heures d'affilée se révélait trop pénible pour qu'ils l'envisagent seulement.

Sid avait une meilleure idée.

— On va juste lui couper les mains, Johnny. Peut-être les pieds. Et il faudrait probablement aussi lui trancher la tête. Du moment qu'y a pas d'empreintes, c'est bon.

Sans Couilles admit que c'était une meilleure idée. Et aussi beaucoup moins salissante. Débiter les cuisses et les quadriceps à la scie, c'était dur. Mais couper une cheville à la hache, c'était du gâteau.

Ils allèrent derrière l'église chercher une hache dans un vieil abri qu'ils avaient converti en cabane à outils, puis ils parièrent à qui aurait besoin du moins de coups pour trancher les pieds.

Ils jouèrent à *pierre, feuille, ciseaux* et ce fut Sans Couilles qui gagna, et il décida de laisser Sid commencer.

Sid traça une ligne imaginaire juste au-dessus de la cheville. Pour s'entraîner, il fit un swing à la moitié de la vitesse normale, s'arrêta juste avant que la lame ne touche la peau. Sid se concentra. Visa avec précision. À chaque coup de hache, il risquait cinq dollars.

Swoosh, son premier coup d'essai traversa directement l'os et la hache frappa le ciment. Sid se mit à sourire.

— Pas si vite, enfoiré, dit Sans Couilles. C'est pas gagné.

— Et pourquoi pas ? interrogea Sid. La putain de lame a traversé direct, merde.

Sans Couilles s'accroupit, saisit le pied froid et mort de Telly et tira en arrière de tout son poids. Le pied commença à céder ; ils pouvaient entendre la chair froide se détacher de l'os.

— Regarde, il tient encore, l'enfoiré.

Le muscle dénudé était rose vif. Des tissus fibreux connectaient encore l'ensemble.

Sans Couilles reprocha à Sid d'avoir travaillé n'importe comment.

— OK, Johnny, dit Sid.

Puis il effectua un second swing. Cette fois, le doute n'était plus permis. Le pied de Telly se détacha de la jambe et Sid l'envoya valser sur le sol.

Sans Couilles sourit.

— Pas mal.

— Va te faire foutre. Le premier coup avait traversé. Tu m'as embrouillé sur un détail technique.

— Mouais.

Puis, sans le moindre préparatif mental ou physique, Sans Couilles assena à son tour un coup puissant, mobilisant chaque particule d'énergie de son gros corps trapu. Mais il avait mal visé et la force du coup fut absorbée par le ciment avec un bruit sourd. La hache lui échappa des mains.

Sid se mit à rire sans pouvoir se contrôler. Il en perdit l'équilibre et dut s'asseoir.

Sans Couilles secoua la tête et termina laborieusement son travail sur la jambe.

Il faisait nuit quand ils quittèrent l'église. Ils passèrent les trois heures suivantes à rouler au bord de l'eau à St. Louis pour se débarrasser des membres. Ils jetèrent une jambe dans le Mississippi et un bras dans le Missouri. Sans Couilles lança un pied dans un égout du vieux quartier de St. Charles.

Sid prenait son temps et respectait les limitations de vitesse. Il écoutait de la mauvaise musique pendant que Sans Couilles râlait à propos de la météo. Du prix de l'essence. Il râlait même à propos du Pape alors qu'il n'était pas catholique.

Ils prirent l'Interstate 270 jusqu'à la Route 44. L'essentiel du trajet fut occupé par un débat enflammé sur la politique et la sécurité sociale. Sid demanda à Sans Couilles son opinion sur l'avortement.

— C'est le choix de chaque femme, déclara-t-il fermement.

Sid hocha la tête.

— D'accord. Mais le bébé, Johnny ? Tu crois pas que ce petit salopiot aimerait avoir son mot à dire avant que sa poufiasse de mère se fasse avorter ?

— Je pensais que tu venais de dire que tu étais d'accord ?

Sid leva la main gauche et haussa à moitié les épaules.

— C'est juste pour dire, Johnny.

Sans Couilles laissa passer cette remarque, mais pas longtemps.

— Alors, pour toi, si la nana que tu baises était en cloque, tu la laisserais le garder ?

— J'ai plus de nana, Johnny. On s'est séparés, tu te rappelles ?

Sid était à côté de la plaque.

— Ouais, mais ce que je dis, c'est que si t'avais encore une nana et que tu la foutais en cloque, tu lui dirais d'avorter ou de le garder ?

— Oh, arrête un peu, Johnny! On vient juste de découper les pieds d'un mec, tu crois que c'est un exemple à donner ?

Sans Couilles regarda par la fenêtre, fatigué d'être énervé par Sid.

Sid se tourna et sourit.

— Et puis, Sans Couilles, je me suis fait couper y a un moment.

Sid forma une paire de ciseaux avec deux doigts. Sans Couilles dressa un doigt et dit à Sid d'aller se faire foutre.

Leur dernier arrêt fut un point d'accès à la Meramec River, à Fenton, juste en contrebas de la vieille usine Chrysler.

Sans Couilles dit à Sid :

— J'ai connu un type, un culturiste, il bossait chez Chrysler.

Sid hocha la tête, l'incitant à continuer.

— Ils fabriquaient des monospaces, hein ? Eh bien, dans le temps, je lui avançais du blé pour un coup qu'il avait monté. C'était un truc d'enfer. Ils savaient comment étaient assemblés les monospaces, alors ils allaient au Mexique acheter des stéroïdes et ils les cachaient dans les bagnoles pour repasser la frontière. Une fois rentrés chez eux dans le Missouri, ils retournaient au boulot, ils remplissaient les panneaux de carrosserie de stéroïdes et ils envoyaient les monospaces à bon port.

Sid était réellement impressionné par l'ingéniosité de cols bleus des ouvriers de l'automobile.

— Et alors, où est-ce qu'ils envoyaient la came ?

— Oh, à différents concessionnaires, ce genre d'endroits. Ils les chargeaient dans les wagons, ils connaissaient toutes les destinations d'avance. Ils suivaient tout ça avec des ordis et des GPS. Et ils faisaient gaffe, ils étaient que quelques-uns à être au courant.

— Putain, c'est assez impressionnant, je dois dire. Comment est-ce que ces types ont trouvé une combine pareille ?

— Complètement par hasard.

Sid s'approcha jusqu'au bord de la dalle de béton brisée et balança un bras dans la rivière en le tenant par le coude.

— Sérieusement, Johnny. Comment est-ce que ces enfoirés ont fait pour monter un coup comme ça ?

— C'est ce que j'ai demandé à mon pote. Il m'a dit qu'ils s'étaient rencontrés sur internet, sur un site de culturistes. De fil en aiguille, j'imagine qu'ils se sont mis à parler, ils se sont parlé de leurs métiers. Y en a un qui travaillait chez un concessionnaire dans l'Indiana, il connaissait un autre gars chez un concessionnaire en Virginie. Comme une espèce de réseau social pour la drogue.

— Mais comment ils sortaient les stéroïdes des bagnoles ?

— C'est là que ça devient extra. Les types chez les concessionnaires démontaient les monospaces dès qu'ils sortaient du camion, et ils refilaient la came à leurs gars. Dans les salles de gym, un type redistribuait les stéroïdes aux fous de gonflette. Et puis boum, tout le monde se met à acheter un flacon par-ci, deux flacons par-là, et très vite ça se vend comme des petits pains.

Sid dit à Johnny que c'était une putain d'idée géniale. Il lui demanda ce qui était arrivé à l'usine.

— Des enculés de gestionnaires cupides. Ils ont complètement coulé la boîte.

Sans Couilles cracha un molard jaune vif sur une flaque boueuse tout en se dirigeant vers la berge.

— Allez, largue-moi ça ici, Johnny.

Sans Couilles grimaça sous l'effort jusqu'à faire apparaître des rides sur son front. Il posa la tête de Telly devant lui et l'expédia d'un grand coup de pied. Le vent l'emporta et la tête fit un long vol plané avant de plonger dans l'eau.

Sid et Sans Couilles repartirent vers la Lexus alors que la neige commençait à tomber en bombardant le visage de Sid. Les flocons s'insinuaient dans le col de sa veste et fondaient.

Quand ils quittèrent la voie d'accès, Sid mit en marche la clim qui leur réchauffa la figure. Il bâilla et s'étira le cou sur le côté. C'est alors qu'il baissa les yeux et aperçut la chaussette blanc sale de Telly, maculée de taches de sang frais qui en imbibait le coton et souillait le plancher immaculé.

— Putain, Johnny, t'as oublié les dents, espèce de branleur.

Ils avaient écrasé quelques-unes des dents de Telly à coups de marteau. Sans Couilles en avait arraché quelques-unes sur les côtés avec des pinces, mais il avait rapidement abandonné une fois arrivé à celles du fond.

— Elles veulent pas s'en aller, ces putes, avait-il déclaré.

Maintenant, Sid regardait son plancher et disait à Sans Couilles qu'il aurait été capable de foutre en l'air un pied-de-biche dans un bac à sable sans même le faire exprès. Il lui annonça qu'il allait devoir lui acheter un nouveau tapis pour le plancher de la bagnole.

— Je vais les jeter par la fenêtre, Sid.

— Ouais, fais ça, Johnny.

En passant sous la bretelle de sortie vers Mraz, ils longèrent la vieille usine de monospaces où un 4x4 tout neuf était jadis perché sur une plate-forme devant le complexe. Ce n'était plus désormais qu'une carcasse sans vie, qu'on démolissait brique par brique. Sid dit à Sans Couilles que c'était vraiment moche pour Chrysler.

Ils quittèrent Fenton et filèrent devant Hot Shots et le Stratford Inn pour regagner la ville. Sans Couilles se mit à râler à propos de l'économie.

Nous finîmes nos affaires, bûmes quelques verres de plus, puis nous fîmes trois lignes de coke. Je pris un autre Oxy. J'étais à peu près aussi déglingué que possible lorsque j'éprouvai cette sensation familière de totale désorientation sur le point de me terrasser. Je crus que j'avais perdu mes clefs. Il ne me fallut pas longtemps pour comprendre que je n'aurais jamais dû prendre ce dernier Oxy.

Même moi, je savais qu'il était temps de partir, et Nick Valentine avait l'art de faire des sorties mémorables. Mon organisme tournait avec une réserve monumentale d'alcool et un assortiment complet de produits chimiques, mais j'avais au moins renoncé au café.

Je dis aux gars qu'on se reverrait le lendemain et je cognai mon poing à celui de Big Tony. Je déclarai à la stripteaseuse aux nattes et aux semelles compensées qu'elle était la femme la plus stupéfiante que j'avais jamais rencontrée de toute ma vie. Et je lui fis savoir sans ambiguïté aucune combien je serais touché, sur un plan personnel, si seulement je pouvais la ramener à mon bureau et lui présenter monsieur Braquemard.

Je criai à Flames de passer une bonne soirée, sans même me rendre compte que je confondais ma cuite présente avec la précédente. Puis, avec toute l'assurance et la sensation trompeuse de sécurité qu'offre une bonne défonce pharmaceutique, je hurlai aux gars installés au bout du bar d'aller se faire foutre. Je sortis en titubant par la même porte qu'auparavant et tombai directement dans les bras d'une autre danseuse aux seins nus qui m'attendait. Mais celle-ci tenait un plat de chili.

C'était la fille la plus maigre que j'avais jamais vue et elle avait les tétons durs et tranchants comme des punaises rigides dans l'air glacial. Si j'avais vraiment laissé mes clefs enfermées dans la Vic, je pourrais porter cette fille jusqu'à la voiture et la retourner sur le côté. Me servir de ses tétons pour découper la vitre et déverrouiller la porte. Et squelettique comme elle était, je pourrais la glisser entre la portière et la vitre comme un Slim Jim.

Elle me demanda si je voulais du chili.

— Putain, oui !

Je lui pris le bol des mains et continuai à marcher.

Je trouvai mes clefs sur le contact, ce qui signifiait que je ne les avais pas perdues. Ce qui signifiait qu'après tout je n'aurais pas besoin d'employer les services de serrurerie de cette stripteaseuse.

Quand je démarrai et m'avançai dans Franklin Street, j'écrasai l'accélérateur et fis tournoyer les pneus arrière dans le carrefour. Je léchai la cuiller en plastique et la jetai sur le plancher devant le siège passager avec le bol vide. Bon sang, ça, c'était un fameux chili.

Je n'avais qu'une règle en matière de boisson. Ne pas manger quand je buvais.

Il n'y a rien de pire que de gâcher la torpeur induite par cinquante dollars de bières avec un hamburger à cinq dollars, alors je séparais toujours les deux. Comme devrait le faire tout bon ivrogne.

Et j'avais beau aimer l'Oxy, un des regrettables inconvénients des antalgiques était la faim. Je n'avais rien mangé de la journée. J'avais acheté une pizza à la station-service, mais en la sortant du mini-frigo pour prendre les derniers glaçons, j'avais oublié de l'y remettre.

Affamé comme je l'étais, je n'étais pas entièrement opposé à l'idée de manger une pizza surgelée qui décongelait depuis cinq heures. Mais Frank Sinatra devait déjà l'avoir engloutie. En fait, je doutais qu'il ait attendu plus longtemps qu'il ne m'avait fallu pour fermer la porte.

Par certains côtés, j'enviais Frank. Ses journées étaient consacrées à manger, à baiser un ballon de foot et à chier. Il accueillait chaque jour sans s'en laisser imposer. Ce genre de philosophie forçait l'admiration.

Je pouvais voir ma destination apparaître à l'horizon – White Castle venait en seconde position seulement après Denny's comme restaurant de choix après une dure nuit de beuverie, de sniffage de coke et d'ingurgitation de pilules.

Plein d'une anticipation nerveuse, je m'engageai dans l'allée. J'étais sur le point de jouer un jeu dangereux. Je me considérais depuis toujours comme un joueur, mais combiner chili et White Castle le même soir revenait à jouer à la roulette russe avec son estomac.

Je commandai un carton de trente burgers à emporter et un grand Dr Pepper, puis je partageai mes réflexions sur *les mérites comparés de la théorie des cordes et de la mécanique quantique* avec le monsieur noir du guichet. Je quittai le parking dans un crissement de pneus alors qu'une neige plus dense commençait à tomber et je rentrai dîner à la maison avec le seul ami que j'avais.

Ron Beachy avait grandi dans une ferme de l'Illinois, en pays amish. Il avait neuf frères et sœurs, qui travaillaient tous depuis les premières lueurs de l'aube jusqu'à l'obscurité bienvenue qu'apportait le soir. Il n'avait jamais aimé cette vie. Et il n'était pas non plus favorable à une vie passée à se priver des choses simples que tout le monde à part eux considérait comme allant de soi. L'électricité, par exemple.

Ron croyait fermement que certaines choses valaient vraiment la peine. Dès son plus jeune âge, il s'était rendu compte qu'il y avait une vie au-delà de la rangée d'arbres qui séparait son comté du voisin. Le soir, il voyait les lumières à l'horizon, qui faisaient briller leur profusion de couleurs tourbillonnantes dans les ténèbres d'un noir de poix. L'idée de franchir cette limite devint son but lorsqu'il avait douze ans, quand son père l'obligea à créer son propre atelier d'ébénisterie.

Le petit Ronnie se levait chaque matin à 5 heures et se trouvait dans son atelier dix minutes plus tard. Il commençait par travailler les pièces qu'il avait teintes la veille. Ses outils étaient un marteau, un mètre ruban et une boîte de clous de finition. Il travaillait dans l'atelier jusqu'à l'aube. Puis le matin, il partait dans les bois dès le petit jour pour vérifier les pièges qu'il avait posés la veille au soir.

Il rapportait à l'atelier l'opossum, l'écureuil, le raton laveur ou le coyote qu'il avait capturé et le relâchait. Il le laissait courir toute la journée dans l'atelier jusqu'à son retour de l'école. Puis il tuait l'animal et le dépeçait.

Après le petit déjeuner, les enfants Beachy arrivaient à l'école en carriole à cheval. Son grand frère David tenait les rênes. Ainsi s'était déroulée sa vie jusqu'au jour de ses dix-huit ans, où il avait quitté la maison avec un sac rempli de vêtements et trois cents dollars. Il marcha jusqu'à la limite du comté, et comme le soleil se levait, il enjamba ce seuil qu'il voulait franchir depuis si longtemps.

Il pénétra alors dans un univers de violence brutale. Un univers où des hommes en assassinaient d'autres parce qu'ils n'aimaient pas leur coupe de cheveux. Il s'inscrivit à l'école de police et son premier emploi fut d'être adjoint du shérif d'une petite ville du comté de Franklin. Avec une population de deux mille habitants, c'était un bon endroit où démarrer, mais Ron regrettait l'excitation qu'il avait trouvée dans la grande ville. Il était allé sur les champs de courses, dans les casinos et dans les boîtes de nuit.

La ville était un nouveau meilleur des mondes à explorer et il saluait chaque journée comme une aventure nouvelle. Il y avait des suicides, des homicides, des fusillades dans les drive-in. Ron Beachy s'enterra dans le travail. Il s'immergea dans la reconstitution des scènes de crime jusqu'à devenir le spécialiste que les autres flics consultaient quand ils avaient besoin de réponses.

Ron devint connu pour ses méthodes peu conventionnelles, un véritable pionnier doté d'une faculté naturelle pour voir chaque situation d'un œil neuf, plus net. Il avait beaucoup d'intuitions et une solide conscience morale. C'était un penseur original, un visionnaire dans son domaine, avec une belle réputation d'inspecteur le plus accompli de St. Louis. C'est pourquoi le commissaire Caraway avait mis Ron Beachy sur l'affaire de la caisse de crédit.

Sid passa prendre Johnny Sans Couilles chez lui, dans Sunset Hills. La voiture glissa tout le long de la chaussée sur la neige fraîchement tombée la veille. Ce n'était pas grand-chose, mais juste assez pour tout foutre en l'air en matière de conduite. Sans Couilles exprima son opinion avant même d'atteindre le bout de la rue.

— Pourquoi on doit aller chercher la bagnole du junkie ?

— Oh, allez, arrête, Johnny.

Sid ne voulait pas l'entendre râler à propos de quoi que ce soit. Du moins pas avant qu'il ait pris son petit déjeuner. Ils avaient une règle. Sans Couilles pouvait ronchonner sur tout ce qu'il voulait. Du moment que Sid avait eu l'occasion de manger d'abord.

— Sid, c'est juste une question. Pourquoi on doit aller chercher cette putain de bagnole ? C'est pas comme s'il allait en avoir besoin.

M. Parker avait dit à Sid qu'ils devaient aller chercher la voiture de Telly. Qu'ils devaient la garer dans le centre-ville et laisser les nègres la voler.

— On devrait la laisser à Kinloch, dit Johnny. Elle durera pas dix minutes à Kinloch.

La dernière fois que Sid avait entendu parler de Kinloch, c'était lorsqu'un homme en fauteuil roulant s'était fait détrousser et qu'on lui avait mis le feu. Les gens étaient passés devant lui en voiture alors qu'il brûlait vif et personne ne lui était venu en aide. Le taux de criminalité montait en flèche, et les gens là-bas volaient tout et n'importe quoi. Sid dit à Sans Couilles qu'il avait raison.

— Si elle est pas soudée au sol, ils la prendront.

La route menant chez Montgomery était un parcours d'obstacles avec voitures dans les fossés, dépanneuses sur la bande d'arrêt d'urgence et chasse-neige fonçant à travers le tout.

Ils se garèrent finalement derrière le tas de boue de Telly et Sid dit à Sans Couilles de sauter au volant pour le suivre jusqu'au centre-ville. Sans Couilles acquiesça, mais il était à peine arrivé au siège conducteur qu'il se retourna et revint sur ses pas.

— C'est quoi le problème, Johnny ? Si t'as pas les jambes assez longues pour toucher les pédales, t'as qu'à remonter le siège.

— Va te faire foutre, répliqua Sans Couilles. Y a pas les clefs.

— Quoi ? s'étonna Sid.
— Il a dû les retirer.
Sid ferma les yeux.
— *Putain.*
Il se renfonça sur le siège.
Sans Couilles haussa les épaules.
— Désolé, Sid.

Les clefs étaient dans le pantalon de Telly. En y repensant maintenant, Sid se rappela les avoir vues. Il avait lui-même fouillé les poches de Telly. Il n'avait pas songé un instant qu'ils en auraient besoin. Il ne savait pas que M. Parker voudrait faire déplacer la voiture. Il n'était pas télépathe.

Pourtant, si Sans Couilles éprouvait le besoin d'endosser cette responsabilité, Sid n'allait pas l'en priver.

— C'est bon, Johnny.

Ils restèrent une minute sans bouger tandis que Sid réfléchissait à ce qu'ils allaient faire. Il réfléchissait pour tous les deux. Sur un coup de tête, Sid se tourna vers Johnny et lui demanda :

— T'as vérifié dans le coffre ?

Johnny se gratta la tête.

— Non.

— Eh bien, pourquoi t'irais pas regarder, Johnny ? Tu sais, juste au cas où.

Sans Couilles lança un regard signifiant *Va te faire foutre* tandis qu'il sortait de la chaleur de la voiture. Il repartit vers celle de Telly et y grimpa côté conducteur. Quelques secondes plus tard, le coffre s'ouvrit et Sans Couilles se dirigea vers l'arrière.

Lorsqu'il vit le sac de voyage, Sans Couilles resta figé sur place. Ses pieds glissèrent dans la neige et il tomba sur le cul. Il se releva et réessaya. S'accrocha au rebord du coffre ouvert pour ne pas perdre l'équilibre. Son cœur se mit à jouer du tambour contre ses côtes.

Putain, c'était quoi, ça ?

Je me réveillai sur le canapé, dans une position douloureuse. Je ne me rappelais pas m'être couché. Je ne me rappelais pas grand-chose de la veille au soir. Je me rappelais le Cowboy Roy's Fantasyland et j'avais un vague souvenir de tétons, mais le reste était flou. Il faudrait que j'examine la Vic avant de commencer cette nouvelle journée. L'état de ma voiture était un indicateur précis des événements destructeurs qui pouvaient s'être produits ou non la veille au soir.

Je roulai sur le côté et vis les cartons vides de White Castle éparpillés sur le sol. Ah oui, White Castle. Frank et moi devions avoir jeté le gant de cette orgie avant que je perde connaissance.

Je tentai de m'asseoir, mais ma tête m'élançait comme s'il y avait eu dans mon crâne un nain occupé à fracasser tout ce qu'il pouvait atteindre avec un marteau. Frank était couché sur le sol à côté de moi, occupé à se lécher les testicules. À voir l'ardeur qu'il y mettait, on aurait cru qu'il voulait les faire reluire.

— Ça paraît si facile, quand on te voit, lui dis-je, mais il ne leva pas les yeux.

Frank était trop absorbé par ses affaires, quelles qu'elles fussent. Je titubai à travers la cuisine, dis à Frank qu'il avait trouvé le juste milieu entre se nettoyer et se donner du bon temps. Sans se laisser démonter, il poursuivit la tâche en cours.

J'avais besoin d'un Mountain Dew glacé. C'était le meilleur remède que je connaisse à la gueule de bois.

Mais j'allais d'abord prendre une douche et me décrasser un peu. Après, il faudrait que je trouve une brosse à dents. À un moment, une bonne vidange aux chiottes s'imposerait, surtout compte tenu de ma récente tentative visant à saper mon système digestif.

Mon téléphone sonna avant que je puisse passer à l'étape suivante, et j'occupai les dix minutes suivantes à parler avec l'inspecteur Beachy. Je lui demandai ce qu'il avait en tête.

— Voyons-nous pour discuter de tout ça.

— OK, dites-moi simplement où.

— Le café où on peut petit-déjeuner, près de Howdershell ? Chez Rosebud ? Vous connaissez ?

— Entendons-nous bien, Ron. Vous voulez qu'on se voie dans un restau où on sert des pancakes ?

Ron rit. Il dit qu'ils servaient les meilleurs pains perdus au monde.

Je lui répondis que je connaissais l'endroit et que ça me convenait. Je lui demandai s'ils avaient du Mountain Dew.

Il rit encore et me dit qu'ils avaient du café formidable. Le café était encore meilleur que les pains perdus. Il me demanda ce que j'en pensais.

Je dis à Ron que je détestais ça. J'avais renoncé au café depuis un certain temps ; j'apprécierais qu'il n'en reparle plus.

Ne sachant que dire, Ron éclata de rire. Il me dit qu'il m'offrirait un pancake.

Je lui répondis qu'on se verrait bientôt.

Une heure après, j'étais en route. J'étais en retard et je roulais bien trop vite étant donné les conditions climatiques. Il était 10 heures du matin et j'avais entrouvert la vitre, juste assez pour laisser le vent glacial me souffler sur la figure pendant que je conduisais. Je serais parti plus tôt si Frank n'avait pas refusé de chier dans la neige. Après bien des cajoleries et des menaces, il avait fini par couler un bronze sous la Vic, sur le seul morceau de sol sec qu'il avait pu trouver. J'aurais dû le laisser chier sur un magazine, comme d'habitude, mais je voulais qu'il découvre la nature dans toute sa splendeur.

J'entrai chez Rosebud avec près de vingt minutes de retard. D'un côté, il semblait être trop tôt pour boire, mais d'un autre côté, j'étais prêt. Je trouvai Ron l'Amish attablé, tenant dans ses mains un livre intitulé *La Théorie du complot pour les nuls*. Je ne pus m'empêcher de rire.

L'inspecteur Beachy se leva et me salua dans les règles.
— Salut, Nick.

Il hocha la tête et m'offrit une authentique poignée de main virile. Il me regarda dans les yeux et me dit que j'avais l'air en pleine forme. Me demanda où j'en étais.

Il avait pris quelques kilos depuis la dernière fois que je l'avais vu, mais il avait l'air sacrément en forme pour un homme approchant la cinquantaine. Il avait les cheveux poivre et sel, un menton robuste et de belles dents régulières avec un sourire confiant. Il riait de tout. À son léger accent allemand de Pennsylvanie se joignait un charisme naturel qui vous mettait aussitôt à l'aise. Mais Ron était un maître ès-subterfuge – un atout précieux lors des interrogatoires. Chaque question était un coup dans une partie d'échecs et il possédait toutes les réponses. Ron me dit qu'il s'entraînait pour l'escouade antibombe. Un poste de technicien allait bientôt être disponible et il était bien décidé à l'obtenir.

Je lui dis que cela lui irait bien. En matière de méticulosité, il ne le cédait à personne.

Ron ne perdit pas de temps. Il m'interrogea sur mon alcoolisme.

Je lui répondis que mon alcoolisme se portait fort bien. Je pensais avoir enfin trouvé un domaine dans lequel j'étais doué.

Cette idée lui inspira un gros rire qui m'avertit que j'allais désormais être sous surveillance. C'était la manière qu'avait Ron de me prévenir que nous risquions d'avoir un problème si je ne faisais pas attention. Le commissaire avait dû lui dire de m'avoir à l'œil.

Je commandai un petit déjeuner et tirai une bouteille de ma poche. Je dévissai le bouchon et laissai le liquide gazeux faire le coup du lapin à mes papilles gustatives avec la brûlure rafraîchissante que seul un Mountain Dew glacé peut provoquer. C'était médical et c'était ce dont j'avais besoin pour survivre.

Ron me demanda si j'avais eu une nuit difficile.

Je lui répondis que chaque nuit était une nuit difficile dans les rues de St. Louis.

Partant de là, la conversation put s'épanouir. De fil en aiguille, nous en vînmes bientôt à avancer à grands pas sur l'affaire de la caisse de crédit.

La banque n'avait diffusé aucune information sur l'argent.

— Tout ce qu'ils disent, c'est qu'il y a eu un incident et une fusillade, dit Ron.

— Un *incident*? On les a braqués au volant d'une camionnette de boulanger.

Ron haussa les épaules.

— Eh bien, ils ne disent pas grand-chose, mais je pense qu'ils se sont pris un sacré coup. On venait de leur déposer une grosse somme en liquide la veille au soir, avec tous les comptes d'épargne annuels qui allaient bientôt arriver à échéance avant Noël. On dirait que ceux qui ont braqué la caisse de crédit étaient au courant.

On dirait surtout qu'ils attendaient de voir ce que disait la rumeur en laissant la pression monter, les langues se délier. Quelqu'un aurait avant longtemps besoin de satisfaire son ego. Le pire ennemi d'un criminel, c'était lui-même.

Je lui demandai s'il savait autre chose. Lui dis de ne pas me raconter de conneries, puisque nous formions une équipe. Je n'escomptais pas qu'on me cache une partie de l'enquête et je voulais une transparence absolue.

— Ne laissez rien de côté, dis-je.

L'inspecteur Beachy prit une grosse bouchée de muffin qui lui laissa une trace de beurre au coin de la bouche, chose qui me perturba aussitôt mais à laquelle je m'abstins de réagir.

— Il y a quelque chose que vous ne me dites pas, Nick ?

— Moi ? Allons, Ron. Qu'est-ce que je pourrais bien savoir de plus ?

Il mordit à nouveau dans son muffin et sourit. Si cette trace de beurre ne partait pas avec la prochaine gorgée de café, je serais obligé de lui faire une remarque.

— Vous avez des oreilles dans la rue, dit Ron.

— Et c'est exactement pour ça que vous avez besoin de moi.

Ron finit par boire une gorgée de son café, mais il cessa de sourire. Il reposa la tasse sur la table et se tamponna les lèvres, réussissant à passer entièrement à côté de la trace de beurre.

— Ron, dis-je en tapotant le coin de ma propre bouche avec une serviette et en hochant la tête dans sa direction.

Le sourire revint sur son visage.

— Ah ! (Il s'essuya la lèvre.) Ça devait vous tracasser, non ?

Ça devait être un genre de test. *Connard d'Amish.*

— Pas du tout, dis-je. Je voulais simplement vous faire savoir que vous pouviez avoir confiance en moi. Je n'aurais pas aimé que vous passiez la journée avec du beurre sur la figure, à avoir l'air d'un trou du cul.

Un barbu avec des bretelles s'approcha de la table et servit à Ron une nouvelle tasse de café, sans qu'un mot soit échangé entre eux. Quand l'homme s'éloigna, je dis à Ron qu'il y avait quelque chose de bizarre avec ce type.

Ron eut un rire sonore, la main sur le ventre. Il dit que j'étais meilleur détective qu'il ne croyait.

— Pourquoi ? Qu'est-ce qui ne va pas chez lui ?

Il n'arrivait pas à s'interrompre de rire assez longtemps pour me raconter l'histoire. Il recommença deux fois, mais ne put aller jusqu'au bout. Il inspira profondément, me dit qu'il avait besoin d'une cigarette et en tira une de son paquet.

— *Vous ne pouvez pas fumer ici !* m'exclamai-je.

Déjà que j'avais dû regarder ce salaud boire du café. Le voir fumer était plus que je ne pouvais supporter sans piquer une crise de nerfs. Je n'étais tout simplement pas assez fort. La seule alternative que je pouvais envisager était une bière froide pour reprendre mes forces.

Il alluma quand même une Winston.

— Que Rosebud aille se faire foutre, je fais ce que je veux.

— C'est Rosebud ?

— C'est Rosebud.

Ron leva un doigt en l'air, prit une autre inspiration.

— Il y a environ un an, on a arrêté une dame avec un peu de came sur elle. Une fille plus toute jeune, on l'avait contrôlée pour un excès de vitesse. Ils l'emmènent au poste, fouillent son sac. Dedans, ils trouvent quelques DVD.

Je haussai les épaules, sans trop savoir où il voulait en venir.

— Eh bien, elle avait une vidéo où elle baisait avec un berger allemand. Un autre où elle faisait une pipe à un dalmatien. Des saloperies de malades. Une vidéo d'un mec qui lui pissait sur les pieds.

Là-dessus il devint incapable de poursuivre son histoire.

— Bon Dieu, Ron ! Vous vous foutez de moi ?

Il n'en pouvait plus. Il posa la Winston sur son assiette, pris d'un fou rire incontrôlable.

Je savais qu'on vivait dans un monde de pervers, mais quand même.

L'inspecteur Beachy recouvra ses esprits et reprit sa Winston. Il en tira une profonde bouffée et exhala un nuage d'air vicié vers le plafond. Il me demanda si j'étais prêt.

— Je suis prêt dès que vous l'êtes.

Je me levai et commençai à extraire de ma poche des billets d'un dollar. Ron se pencha pour me toucher le bras en me disant de ne pas m'en soucier.

Je le remerciai, lui dis qu'il était bien aimable.

— Ne me remerciez pas.

Il me dit que je devrais remercier Rosebud. Il ne payait jamais son petit déjeuner ici, pour la simple raison que la fille sur les vidéos était la sœur de Rosebud.

— Ne me dites pas que ce fils de pute connaissait sa carrière d'actrice ?

— On entendait sa voix en fond sonore, Nick. J'étais complètement dégoûté.

Nous sortîmes de chez Rosebud et j'eus envie de déposer le contenu de mon estomac sur le parking. Il y avait des sites internet qui payaient cher pour ce genre de choses, mais je n'en comprenais pas l'attrait. J'avais beau essayer de prendre du recul par rapport à l'idée, je n'arrivais pas à croire que le type qui venait de me faire des pancakes avait pu filmer sa propre sœur en train de sucer un dalmatien.

Je fis mentalement vœu de ne jamais y retourner. Mais il y avait une autre partie de moi-même, une partie plus affamée, qui imaginait un avenir de petits déjeuners gratuits maintenant que je connaissais le secret de Rosebud. Je pourrais m'arrêter pour le déjeuner, aussi. Avant longtemps j'y prendrais tous mes repas. Malgré tout, mon image du Meilleur Ami de l'Homme en sortait ternie à tout jamais.

UNE demi-heure avant le lever du soleil, Doyle était assis devant la façade de l'Indigo Building. Il n'arrivait pas à dormir. Il était trop excité par le boulot. Cela faisait déjà deux semaines qu'il matait l'immeuble en essayant de se faire une idée de qui était qui. Doyle observait les allées et venues des occupants vingt-quatre heures sur vingt-quatre.

Au bout d'un moment, il avait appris qui ne valait pas la peine d'être mémorisé et qui méritait une recherche plus approfondie. Un homme nommé Joe Parker méritait une recherche plus approfondie.

Joe Parker était un homme d'affaires. Il possédait une entreprise de bâtiment, une société de déménagement et un atelier de carrosserie. Il dirigeait aussi une équipe qui était responsable de la moitié du sexe, de la drogue et des armes à feu qui arrivaient à St. Louis. Parker était mouillé, mais il était assez malin pour garder les mains propres.

Parker était un candidat idéal, alors Doyle mémorisa son emploi du temps. Toujours prévisible, Parker partait travailler à 8 heures du matin et rentrait chez lui à 5 heures de l'après-midi. Le mercredi soir, il allait au bowling; il quittait la maison à 6 heures et rentrait à 11 heures. Il était toujours bruyant et souvent ivre.

Sa femme avait elle-même toutes sortes d'occupations et un tas de raisons de sortir. Doyle ne la voyait jamais beaucoup, mais quand il la voyait, elle était toujours couverte de diamants.

C'était le couple parfait.

Lorsque Big Tony évoqua les liens possibles du junkie avec Joe Parker, Doyle vit ses espoirs monter en flèche. Il ne lui révéla pas qu'il surveillait déjà l'immeuble de Parker. Il ne lui révéla pas qu'il avait déjà prévu de le dévaliser.

La rumeur disait qu'un gros coup venait peut-être d'avoir lieu. Doyle était prêt.

Il attendit jusqu'à 9 heures du matin, quand Sid l'Angliche arriva dans sa Lexus et pénétra dans l'immeuble. Vingt minutes plus tard, Doyle l'avait pris en filature. Il regarda Sid passer prendre Sans Couilles et il les suivit quand ils allèrent prendre leur petit déjeuner. Il les suivit chez Montgomery. Il les observait quand Sans Couilles tira le sac de voyage du coffre d'une voiture qui ne pouvait être que celle du junkie. Doyle regarda le gros lard tomber dans la neige, mais il était trop excité pour rire.

Ces enfoirés avaient mis la main sur le fric.

Sid donnait de grandes claques sur l'épaule de Sans Couilles alors qu'il quittait le parking. Il riait parce que Johnny s'était cassé la gueule dans la neige. Il riait parce qu'il était ivre de rêves de puissance. Il y avait dans ce sac assez d'argent pour s'enfuir. Il pouvait mettre une balle dans la tête de Johnny et disparaître sans laisser de traces.

Mais il ne l'envisagea pas une seconde. Sid était le bras droit de M. Parker et il s'y connaissait en matière de loyauté.

Sans Couilles, en revanche, était assez débile pour s'enfuir, mais assez malin pour savoir qu'il ne s'en sortirait jamais tout seul.

— Tu penses qu'il y a combien dans le sac, Johnny ?

De l'arrière du crâne, Sid désignait le sac de voyage dans le coffre.

Johnny haussa les sourcils, il prit un air sérieux.

— Des millions, Sid. Des millions.

Sid souriait encore, et maintenant il éclata de rire.

— Des *millions* ?

— Ouais, putain, tu crois pas ?

Sid haussa les épaules. Fit la moue et dit :

— Merde, qu'est-ce que j'en sais ? Mais ça m'étonnerait qu'on puisse faire tenir autant de fric dans le sac, Johnny.

Johnny l'assura du contraire.

— C'est un grand sac, Sid. On peut y mettre des millions, crois-moi.

Sans Couilles parlait avec l'autorité d'un expert en la matière.

La Lexus rebondit sur un nid-de-poule et les pneus patinèrent dans la neige fondue. Ils pensaient que le meilleur endroit où cacher l'argent était chez Parker. Sid avait une clef. Ils repartirent vers l'Indigo Building avec Doyle qui les suivait à deux voitures derrière eux.

Big Tony sortit de la douche et passa un peigne à travers sa tignasse ébouriffée. Il entendit son téléphone portable sonner dans la chambre mais il l'ignora. Il n'avait pas beaucoup dormi à cause de la coke et il n'avait aucune envie de parler. Il avait une fois de plus quitté seul le Cowboy Roy's Fantasyland. Il avait encore laissé une de ces garces le prendre pour un con. Elles avaient frotté leur vagin contre son genou et l'avaient dissuadé de commander à boire. Elles l'avaient dissuadé de prendre une ligne de came. Malgré ses efforts herculéens, il n'avait encore jamais réussi à en ramener une chez lui.

Le téléphone sonna à nouveau et il vit que c'était Doyle.

— Ouais, qu'est-ce qu'il y a ?

— Qu'est-ce qu'il y a ? On est peut-être riches, gros salopard, voilà ce qu'il y a.

Big Tony ne dit rien.

— Eh, t'es là ?

Doyle était excité, il parlait vite.

— Doucement, doucement. Qu'est-ce qui se passe ?

— Tony, je pense qu'ils ont le fric, mec. Ça y ressemble, en tout cas.

— Hein ?

Il resta bouche bée. Big Tony avait presque oublié l'argent, il n'y avait pas pensé de la matinée.

— Je déconne pas, mec. J'suis à peu près certain de l'avoir vu à l'instant.

Big Tony s'assit sur le bord de son lit. Il demanda à Doyle s'il était sérieux.

Doyle se mit à rire.

— Putain, bien sûr que je suis sérieux, espèce d'enfoiré. Allez, habille-toi et retrouve-moi en ville.

Doyle lui donna l'adresse. Lui dit qu'il avait suivi Sid et Sans Couilles. Il lui expliqua qu'il observait l'immeuble de Joe Parker depuis déjà un bon moment, et qu'il avait prévu de le cambrioler de toute façon.

— J'ai déjà les plans complets de l'Indigo, Tony. J'ai tout.

— *Je suis riche*, se dit Big Tony.

Il n'arrivait pas à croire que tout ça était vrai.

— *Je suis riche*, répéta Big Tony, plus fort. On est tous les deux riches, Doyle !

Souriant jusqu'aux oreilles, Doyle changea de voie sur la route. Sa voiture glissait dans la neige.

— On n'est pas encore riches, alors du calme, mec. Ressaisis-toi et rejoins-moi au club. Il faut pas que je perde de vue ces gars. Rappelle-moi dans une heure, on agira peut-être aujourd'hui.

Ils raccrochèrent tous deux et se concentrèrent sur leurs affaires en cours.

Je sortis de chez Rosebud avec la ferme intention de ne pas y retourner avant au moins une semaine. Je suivis Ron jusque chez Norman Russo afin qu'il puisse lui-même examiner les lieux. Il me demanda si cela me posait un problème.

Je répondis que non. Qu'il fallait bien commencer quelque part. Et puis, autant qu'il jette un coup d'œil lui-même. J'avais envie de voir si nos théories coïncidaient.

Une fois nos voitures garées, nous nous retrouvâmes au bout de l'allée. Ron regarda la Vic.

— C'est un modèle de police ? Je n'en ai jamais vu de noire.

— *C'était.*

— Ah bon ?

La Vic était plus noire que le trou du cul d'une marmotte à minuit, avec des vitres teintées et un phare chromé monté sur chaque rétroviseur. Elle grondait quand on mettait le contact, grâce à son pot d'échappement trafiqué de trente centimètres en acier inoxydable.

Ron me regarda et fit une pause, sa manière de me faire savoir qu'il allait me poser une question qui m'obligerait à mentir.

— Vous avez enlevé le fusil ?

Je l'assurai que j'avais bel et bien enlevé le fusil. Je ne lui dis pas que je l'avais remplacé par un autre modèle – un fusil à pompe calibre .12 à canon court et poignée revolver – ni que j'avais une tronçonneuse Stihl dans le coffre.

Nous ouvrîmes la porte principale avec une clef qu'avait Ron. Tout avait la même apparence que la veille. Nous arrivâmes à l'escalier et il se mit à secouer la tête.

— Il a choisi un mauvais endroit pour se pendre, dit-il. Qu'est-ce que vous en pensez ?

— Il n'aurait pas pu choisir pire s'il avait essayé.

Ron contempla le plafond et les murs.

— On est d'accord.

Il tira un sachet transparent de la poche de sa veste et me le tendit.

— Qu'est-ce que vous dites de ça ?

Je lui dis que je reconnaissais l'objet. C'était la lettre d'adieu rédigée par quelqu'un qui possédait les connaissances grammaticales d'un enfant de huit ans.

Il hocha la tête.

— Il est assez évident que ce n'est pas son écriture.

J'accueillis la remarque de l'Amish avec un sarcasme exagéré.

— Vous voulez dire que Norm n'a pas écrit ce mot lui-même ?

Ron secoua la tête. Dit qu'il ne pouvait pas croire une connerie pareille.

— Ça existe, des gens débiles à ce point-là ?

Ron feuilleta un carnet.

— Selon l'avocat de M. Russo, sa femme et lui se disputaient la maison, mais c'est un peu dur à avaler, comme motif de suicide.

— Si vous voulez mon avis, il était déjà mort. Je pense qu'on lui a brisé le cou et qu'on a essayé de faire passer ça pour un suicide. (Je voyais que Ron était d'accord.) Sans même mentionner que seul un demeuré essaierait de se pendre à une vieille planche de cette taille en espérant qu'elle supporterait son poids.

Ron descendit jusqu'en bas de l'escalier.

— Donc nous sommes censés croire qu'il est resté pendu assez longtemps pour s'étouffer, c'est ça ? Après la corde casse, ou bien la planche cède, l'un ou l'autre. Et son corps inanimé dégringole jusqu'à la dernière marche.

— C'est la mise en scène que quelqu'un a essayé de créer, oui.

— Quelqu'un qui n'a pas beaucoup réfléchi.

Je me dirigeai vers le frigo parce que le contenu d'un réfrigérateur en dit long sur son propriétaire.

Je commençai par chercher de l'argent dans des boîtes, sachant que les gens malins planquent leur argent au frais. C'est là que je planquais le mien.

Je trouvai un demi-gallon de lait, l'assortiment habituel de condiments, de la viande, une demi-bouteille de vin. Mes yeux restèrent scotchés sur la bouteille de vin, et avant que j'aie pu m'en empêcher, j'ôtai le bouchon et laissai le chardonnay me remplir la bouche.

Je vidai la bouteille, la remplis d'eau du robinet et la remis dans le frigo. Je vis une autre bouteille de vin sur l'étagère au-dessus de l'évier.

— Vous trouvez quelque chose, Nick ?

— Euh... Non. Pas encore. Je continue à chercher, Ron.

L'autre bouteille était un cabernet sauvignon plus vieux, mon vin rouge préféré si j'avais été exigeant. Elle avait dû coûter cher et elle ne manquerait à personne, mais je remarquai avec tristesse qu'elle ne tiendrait pas dans la poche de mon pantalon. Je partis vers la porte coulissante vitrée et la déverrouillai. Je savais que je reviendrais ici pour jeter un coup d'œil et que je pourrais alors récupérer cette bonne bouteille.

Ron remonta l'escalier quatre à quatre et regarda dans la cuisine.

— Vous avez trouvé quelque chose ?

— On venait de faire les courses, apparemment. (Je désignai le réfrigérateur.) C'est un peu bizarre, juste avant de se suicider, non ?

Ron secoua la tête et dit que j'avais raison. Il ouvrit la poubelle, mais les ordures avaient déjà été recueillies et emportées comme pièce à conviction.

Je pénétrai dans le garage. Il était impeccable. Il y avait une Harley Davidson dans un coin, qui semblait n'avoir jamais été utilisée, la totale avec sacoches en dur et pots d'échappement Screaming Eagle, quelques raquettes de tennis accrochées au mur, plus un râteau et une pelle à neige. Tous deux propres et neufs.

J'ouvris une porte qui me mena vers une Range Rover toute neuve. En allumant le contact, je vis qu'elle n'avait que 18 348 kilomètres au compteur et que le réservoir était plein.

Je fouillai sur la console et trouvai une liasse de six billets de vingt et quelques billets de dix. Je savais que si de jeunes flics incompétents avaient vérifié le garage, ils auraient emporté l'argent comme pièce à conviction ou l'auraient volé comme j'étais sur le point de le faire. Je glissai la somme dans ma poche, la pince à billets métallique froide contre ma jambe.

Je fermai la porte et trouvai Ron derrière moi.

— Vous avez trouvé ce que vous cherchiez ?

Bien que surpris, je répondis du tac au tac.

— Le réservoir est plein. Comme s'il était allé à la pompe à essence il y a cinquante kilomètres.

— Ah oui, le réservoir est plein ?

— Le réservoir est plein, confirmai-je.

— OK, commença Ron. Donc ce type, ce banquier, il revient du boulot, il fait ses courses, un plein d'essence, et il rentre chez lui se pendre dans l'escalier ?

— Et il attache la corde à une planche si mince que je pourrais la casser en deux avec ma bite.

Ron l'Amish éclata d'un rire spontané, naturel, qui résonna dans le garage.

Quand il eut fini de rire, il me dit qu'il s'agissait désormais officiellement d'un homicide. Qu'ils auraient bien eu besoin d'un type comme moi dans la police. Mentionna que j'étais malin.

Il ne fit pas allusion à l'argent volé dans ma poche et je me demandai s'il l'avait vu.

— Un jour, lui répondis-je.

Mais je pensais au vin dans la cuisine. Je prévoyais de revenir le chercher dès que j'aurais semé Ron l'Amish. J'en profiterais pour inspecter à nouveau la maison. Avec sans doute une petite visite aux chiottes. Les restes de ma mission suicide vorace de la veille au soir se bagarraient violemment dans mes entrailles.

De retour dans la cuisine, Ron s'arrêta et reverrouilla la porte coulissante. Il secoua la tête.

— Putains d'amateurs, dit-il à propos des flics de la veille.

Ces mêmes flics qui n'avaient pas su fouiller le garage avec un réel professionnalisme.

Pas étonnant que le commissaire fasse tout le temps appel à moi.

J'accompagnai Ron l'Amish jusqu'à la porte principale, les dents serrées par la frustration. Ron était un génie insouciant possédant la curiosité d'un gosse de cinq ans et de mystérieuses facultés d'observation.

— Je repars au poste, Nick.

Je lui dis que je devais regagner mon bureau pour m'occuper de Frank, qu'on se retrouverait plus tard. Et je sautai dans la Vic avant qu'il ait pu protester.

BIG Tony sortit du parking du Cowboy Roy's Fantasyland avec Doyle assis dans le siège passager, qui lui racontait ce qu'il savait. Il avait suivi Sid l'Angliche et l'autre idiot jusqu'à l'Indigo Building, mais ils étaient entrés dans le parking de l'immeuble et il les avait perdus de vue. Le temps que Doyle quitte sa voiture, la Lexus de Sid repartait.

Doyle était remonté en vitesse et les avait pris en chasse, jusqu'à l'entreprise de BTP de M. Parker. Il les avait vus sortir de la Lexus et pénétrer dans le bâtiment, mais ils n'avaient pas tiré le sac du coffre.

— Qu'est-ce que t'en dis ? demanda Big Tony.

— J'en dis qu'à mon avis le sac est dans l'appart de Parker.

— Tu crois ?

Doyle dit qu'il était soit là, soit encore dans le coffre de la Lexus.

Big Tony arriva devant un feu rouge et freina brusquement ; les pneus de la Lincoln se bloquèrent et dérapèrent sur trente centimètres.

— Alors j'imagine qu'on va à l'Indigo.

— On va d'abord voir la bagnole, et après *moi* je vais à l'Indigo. J'ai pas besoin de t'avoir dans les pattes et que tu t'arrêtes toutes les cinq minutes pour prendre de la coke.

Big Tony se lécha les lèvres. Il était déjà en train d'y penser. Si seulement il pouvait persuader Doyle de lui préparer une ligne pendant qu'il malmenait la Lincoln dans cette neige fondue. Il était passé chez son dealer et avait acheté trois grammes et demi de cocaïne de première qualité. À un prix bien au-dessus de ses moyens en temps normal, mais à la lumière des événements récents il éprouvait le besoin de s'offrir quelque chose d'exceptionnel.

Doyle roula des yeux quand Big Tony se mit à tripoter la radio.

— Vas-y ! gueula Doyle quand le feu passa au vert.

Big Tony prit un virage à droite et trouva une station de talk radio. L'animateur conseillait un auditeur qui avait des soucis avec son père. Le type disait au DJ que son père ne l'avait jamais aimé parce qu'il lui avait toujours donné de mauvais conseils.

— Quelle tête de nœud, dit Doyle.
— Putain de pleurnichard, ajouta Big Tony.

Ils écoutèrent en silence jusqu'à la première pause publicitaire, puis Big Tony éteignit la radio.

— Ton vieux était bon, question conseils ?

Doyle gloussa.

— Putain, non. Soit il était en taule, soit il était bourré. (Doyle s'interrompit et réfléchit. Ça faisait longtemps qu'il n'avait plus pensé à son père.) Les conseils, c'était pas trop son truc, si je me souviens bien.

— Alors t'es comme ce type à la radio ?

Doyle rigola et répondit que le type était un trouduc. Il regarda à travers la vitre et fit craquer ses articulations pendant que Big Tony se baladait à nouveau d'une station à l'autre.

Doyle rigola un bon coup, pour lui-même plus que pour autre chose.

— Je crois que je me souviens d'un seul conseil que ce fils de pute m'a donné avant de mourir.

Big Tony se tourna vers Doyle.

— Ah ouais, et c'était quoi ?
— Jamais mettre de survêt quand tu vas dans une boîte de strip-tease.
— Hein ?
— C'est ce qu'il a dit.
— Et c'est le meilleur conseil que ton vieux t'a donné ?

Doyle haussa les épaules.

— Ouais.

Le gros homme derrière le volant se mit à rire.

Du siège passager, Doyle le regarda.

— Quoi ?
— C'est marrant, c'est tout.
— Ouais, eh bien et toi, c'est quoi le meilleur conseil que ton vieux t'a donné ?
— Les seuls conseils qu'il me donnait, c'était à coups de ceinturon.
— Ouais, mais c'est pas con, le truc du survêt, si tu réfléchis. (Doyle tendit la main et éteignit la radio quand Rush Limbaugh apparut sur les ondes.) Je déteste ce connard.
— C'est un type bien, riposta Big Tony.

Ils roulèrent en silence pendant quelques minutes, jusqu'à ce qu'ils tombent sur un embouteillage. Ils restèrent coincés près des travaux sur la route, et du côté de Doyle un ouvrier utilisait un marteau-piqueur. Doyle remonta sa vitre jusqu'en haut et consulta sa montre volée.

— On a plein de temps, dit Big Tony.

Doyle savait quelle heure il était ; il voulait simplement ne pas être en retard et il ne voulait pas se retrouver à devoir écouter Rush pendant tout ce temps.

Ils trouvèrent le parking sans problème. Big Tony se gara à côté de la camionnette au bout de la rangée et Doyle descendit.

— T'éloigne pas trop, si jamais j'ai besoin de toi.

Big Tony promit de rester dans les parages, retira son pied du frein et la voiture se mit à rouler.

— Bonne chance, cria-t-il pendant que Doyle claquait la portière de la voiture et déverrouillait celle de la camionnette, côté conducteur.

Il s'installa au volant, puis se tourna et procéda à un rapide inventaire de son équipement. Tout ce dont il avait besoin tenait dans un énorme sac de sport. Une bonne perceuse, deux marteaux de forgeron, des burins, des scies à métaux, un chalumeau oxyacétylénique, des gants en amiante et un vérin hydraulique portatif. Doyle était paré. En matière de cambriolage, il ne laissait rien au hasard.

Il laissa le moteur de la camionnette chauffer dans le parking tandis qu'il étudiait le plan de niveau du bâtiment. Ce plan, il avait eu l'intelligence de se le procurer un mois auparavant. L'obtenir avait été le plus facile. Il avait repéré un logement à vendre, puis il était allé voir l'agent immobilier en se faisant passer pour le fils inquiet d'un acheteur potentiel.

— Je cherche quelque chose pour mes parents, vous voyez. Ils ne sont plus tout jeunes, vous savez. *Vous pouvez m'en dire plus sur la sécurité ?*

Ça avait marché, comme toujours, et ils lui avaient donné toutes les informations dont il avait besoin, y compris le plan de niveau.

Doyle quitta le garage et se mêla à la masse concentrée de la circulation pour se rendre au cœur du Loop. Il passa devant le cinéma Tivoli, puis devant le Meshugah Coffee House sur sa gauche. Il resta une minute face au Delmar Lounge, alors qu'un groupe de filles en vestes colorées traversaient la rue en pataugeant dans la neige fondue, leurs écharpes assorties soulevées par le vent. Il prit quelques virages, puis pénétra dans le parking de l'Indigo Building.

Je regagnai mon bureau peu avant le coucher du soleil. Il faisait plus froid que dans le cul d'un puisatier en janvier et je roulai comme un fou furieux, étant donné l'état de la route. Ron l'Amish m'avait bien baisé quand il avait remarqué la porte déverrouillée. J'avais prévu d'y retourner quelques minutes plus tard et de mener une fouille nettement plus approfondie. Juste après avoir bu le cabernet sauvignon et chié dans les toilettes de Norm Russo.

Je montai les marches deux par deux, avec des enjambées respectables que même Frank aurait enviées. Je fourrai ma clef dans la serrure, écrasai la poignée et donnai un coup de pied dans le bas de la porte pour l'ouvrir.

Frank dormait sur mon fauteuil lorsque je fis irruption dans la pièce, trébuchai sur un panier de linge sale et renversai un carton. Il se mit à aboyer quand tout se répandit à terre, mais il dirigea sa colère contre un gigantesque mixeur en plastique jaune qui rebondissait sur le carrelage.

— *Ouarf, ouarf, ouarf!*

Je refermai la porte de la salle de bains d'un coup de pied si violent que le bois éclata et se fissura autour du gond antique. Mon pantalon toucha le sol et mon cul entra en contact avec la lunette sans un instant à perdre. J'avais beau avoir apprécié les hamburgers White Castle, je savais que tôt ou tard j'aurais à payer le prix du comportement irresponsable dont je m'étais rendu coupable la veille au soir.

Impitoyable, Frank aboya pendant tout le temps que je passai dans la salle de bains.

— OK, criai-je en sortant des chiottes. Putain, c'est quoi ton problème, Frank?

Il dansa en rond devant la porte. Puis il courut vers le mixeur et aboya. Il réitéra cette parade encore et encore pendant que je reboutonnais mon pantalon et serrais ma ceinture.

Quand je lui demandai s'il avait besoin d'aller dehors, Frank s'excita. Il grogna plusieurs fois, décrivit deux cercles complets, puis il fit crisser ses griffes sur le carrelage et rebondit contre la porte.

Je lui dis que j'allais être à lui dans une minute. Je devais rassembler mes esprits après un passage aux chiottes aussi brutal et sans merci. *Jamais plus*, jurai-je. Je priai pour qu'un incendie détruise entièrement White Castle.

Frank devenait dingue. Il aboyait, faisait des cabrioles. Ravageait à coups de griffes les vingt centimètres du bas de ma porte.

— J'arrive.

Je ramassai Frank et le portai jusque dans l'allée, où j'étais sûr qu'il pisserait sur le maximum de choses possible pourvu qu'il n'ait pas à marcher dans la neige.

Une fois sur le trottoir, je ne fus pas déçu. Frank n'avait pas fait cinquante centimètres qu'il pissa sur le tapis d'accueil. Puis il leva la patte sur un gobelet McDonald's. Il regarda autour de lui avec intérêt. Flaira et grogna. Il courut jusqu'à une marche en béton et soulagea sa vessie sous un panneau électoral vert décoloré encore planté dans le sol un an et demi après l'élection.

Il conclut par un record mondial de huit pisses supplémentaires, puis il mit le turbo pour remonter l'escalier et m'attendre devant la porte. Parvenu à mon étage, je pris dans mon bureau une bouteille de Southern Comfort et en mélangeai un peu avec du jus d'orange. Il me fallait plusieurs So Co pour remettre mon cerveau en état de marche. Je fouillai dans le tiroir à cochonneries et trouvai un cachet de Vicodin qui avait l'air bien tentant. Je le lâchai dans mon gosier et regardai Frank se mâchouiller le cul tandis que les Chairmen of the Board chantaient doucement en fond sonore. De l'autre côté des vitres couvertes de givre, les flocons de neige dansaient un ballet dans l'air hivernal arctique.

Doyle pénétra dans le parking à bord d'une camionnette arborant l'inscription NARAMORE SERRURERIE et se gara près de l'ascenseur. Il disposa quelques cônes orange à l'extérieur du véhicule. S'il y avait bien une chose qu'il avait apprise dans le métier de cambrioleur, c'était que les outils les plus importants pour un coup étaient les cônes orange. Les gens acceptaient les cônes orange sans jamais poser de question. En disposer autour d'une camionnette commerciale garée sur une place pour handicapés ajoutait la touche de légitimité parfaite.

Il souleva le sac de sport avec effort et passa la bandoulière sur son épaule. Il partit vers l'ascenseur, une perruque masquant presque tout le côté droit de son visage, celui que filmerait la caméra de sécurité. Il tenait dans la main droite un mouchoir dont il se servit pour appuyer sur les boutons et pousser les portes. Doyle laissa tomber le sac à terre pour reposer son épaule pendant que l'ascenseur montait.

Dès qu'il avait décidé de cambrioler M. Parker, Doyle avait procédé comme il procédait toujours. Il avait écrit une lettre à l'entreprise de serrurerie sur du papier à entête qu'il avait lui-même imprimé, et ils lui avaient donné à peu près tout ce qu'il demandait. Dans ce cas précis : les passe-partout. Doyle avait tout ce qu'il lui fallait pour ce boulot ; il l'avait planifié avec soin ; il n'avait rien laissé au hasard.

Quand l'ascenseur s'ouvrit, il s'avança dans le couloir opulent de l'Indigo et marcha prudemment jusqu'à l'appartement 202. Il frappa fort pour s'assurer qu'il n'y avait personne avant de glisser son passe dans la serrure. Ses heures d'espionnage lui avaient appris qu'il y avait un pêne dormant, mais il n'était pas inquiet.

Tout le monde avait un pêne dormant, mais personne ne l'utilisait jamais.

Il entendit tourner les pistons du cylindre, et *clic*. Il se trouva tout à coup dans le séjour et il ferma la porte lentement, sans bruit. Puis il sentit dans sa bouche ce goût étrange, le goût que seul connaît et sait apprécier celui qui entre par effraction dans un domicile. À défaut de jouir dans une des filles du Cowboy Roy, c'était le meilleur moment qu'il connaîtrait dans sa vie.

Doyle procéda à une inspection visuelle de l'appartement pour s'assurer qu'il était bien seul. Une fois satisfait, il posa son sac sur la table de la cuisine et se dirigea rapidement vers la chambre à coucher. Il trouva plusieurs paires de boucles d'oreilles sur la table de chevet, puis un collier. Il les jeta dans un petit sac banane qu'il portait à la taille, en même temps que quelques bagues. Il ouvrit ensuite le premier tiroir de la coiffeuse et découvrit d'autres bijoux en vrac, du rouge à lèvres et peut-être la meilleure trouvaille de toutes, un énorme godemiché violet. Il avait un visage à un bout et de petits pieds à l'autre bout. Il le jeta dans sa banane, histoire de rire.

Encore des bijoux dans la salle de bains, et une putain de montre hors de prix. Doyle grappilla aussi une paire de boutons de manchettes de choix, puis se dirigea vers le dressing. C'était là qu'était le coffre-fort. C'était *toujours* là qu'était le coffre-fort.

Sauf que cette fois, non.

Doyle avait consacré beaucoup de temps à étudier le plan au sol de l'appartement, et il trouva donc le coffre-fort dans la salle de bains, la deuxième possibilité. Avant d'aller rechercher son sac dans la cuisine, il vérifia la porte, au cas où. Parfois, les gens qui faisaient installer des pênes dormants pour ne pas s'en servir étaient aussi ceux qui laissaient leur coffre-fort ouvert. Les Parker étaient paresseux et suffisants. La porte s'ouvrit avec un petit déclic.

Doyle déglutit, les paumes transpirant à travers ses gants.

Il ouvrit la grande porte et mit la main sur des papiers, des enveloppes, des pochettes et du liquide. Peut-être cinq ou six mille. *Putain!* Il se mit à réfléchir. Le sac était trop grand pour tenir dans le coffre, de toute façon. Il avait tellement brûlé d'envie de cambrioler l'Indigo et de repartir avec l'argent qu'il n'avait pas pris en compte les faits bruts.

C'était toujours les petits détails qui pouvaient faire la différence sur un coup.

Doyle ferma la porte sans rien prendre. Il ne pouvait pas courir le risque de dévoiler son jeu. Il ne pouvait pas courir le risque de faire savoir à Parker qu'ils s'intéressaient à lui. Son chronomètre bipa, il était à court de temps. Doyle repartit à toute allure dans la chambre et se mit à tout remettre en place. Soudain, tout allait de travers et il avait les joues brûlantes. Son instinct lui disait de s'enfuir, mais où était l'argent ?

Il ne l'avait perdu de vue que pendant quelques minutes. Combien ? Dix ? Quinze ?

Doyle commença à chercher dans la pièce. Sous le lit, derrière les portes fermées. Le fric devait être dans le coffre de la voiture. Il appela Big Tony, mais celui-ci ne décrocha pas.

Doyle revint dans le séjour et réfléchit. Il arpenta la pièce, il repassa tout dans sa tête et soudain les pièces du puzzle s'emboîtèrent. S'il avait été l'Angliche, il aurait gardé l'argent.

Soudain, Doyle comprit. Ces enfoirés avaient décidé de le garder pour eux. Il repensa à la scène chez Montgomery. Il les avait vus trouver le fric et ils avaient été tout surpris. Il était encore tôt, la police n'avait pas divulgué grand-chose. Parker ne savait pas que le braquage avait bien eu lieu et il supposait que le coup était tombé à l'eau.

Alors l'Angliche avait tué le junkie sans se rendre compte qu'il avait l'argent dans le coffre de sa voiture.

Des fossettes malicieuses creusèrent le haut des joues de Doyle. Il sentit une intensité électrique bourdonner dans l'air. Pour l'instant, ils avaient planqué l'argent dans l'Indigo. L'un des deux – probablement l'Angliche – avait une clef. Ils l'avaient caché là parce que c'était tout près et que, si M. Parker découvrait le pot aux roses, ils pourraient jouer franc jeu. Doyle devait réfléchir vite. Sid reviendrait dès qu'il saurait que la voie était libre et il récupérerait l'argent. Alors lui, ce petit connard et le fric disparaîtraient pour de bon. Et M. Parker n'aurait pas un rond.

Doyle se dirigea vers la porte et se retourna. Il se dit que l'Angliche devait avoir ouvert le coffre de la voiture et que l'autre avait monté le sac jusqu'ici. Son cerveau s'activait pour traiter l'information de son mieux.

Il traversa le vestibule en vérifiant les portes. Il trouva un grand placard à gauche, l'ouvrit et vit le sac de voyage qui avait été jeté sur la moquette et avait renversé un seau en plastique. Soudain, tout devint réel et il fut forcé de modifier ses plans. Doyle repartit dans l'autre pièce chercher ses outils.

Big Tony était garé derrière la boutique de donuts et il se faisait un rail de cocaïne sur son miroir où était inscrit "Cowboy Roy's Fantasyland". Les vitres teintées de la Lincoln dissimulaient son identité tandis qu'il formait les lignes à partir d'une quantité impressionnante de coke de qualité supérieure.

Il sniffa dans sa narine droite une ligne large et duveteuse et savoura la tranquillité immédiate qu'offrait la cocaïne. Un éclair soudain lui percuta le front et il serra le volant à deux mains.

Il était garé à côté de la benne à ordures et contemplait le ciel gris d'hiver à travers le toit ouvrant, écoutait le vent qui faisait s'entrechoquer les branches gelées comme des ossements. Big Tony prenait souvent sa coke derrière la boutique de donuts. Le gérant, M. Feeler, lui devait de l'argent, alors quand Big Tony se garait derrière la boutique, Feeler savait qu'il ne fallait pas le déranger.

L'été, il écoutait les matchs de base-ball disputés de l'autre côté de la clôture couverte de vigne vierge. Il entendait le bruit reconnaissable entre tous d'une balle de base-ball qui ricoche sur une batte. Les oiseaux chantaient, il levait les yeux vers le ciel et regardait les nuages le traverser comme des fantômes enflés.

Quelqu'un frappa à la vitre vite et fort, arrachant Big Tony à son printemps. Quand il revint à la réalité, son miroir tomba sur le plancher de la voiture et se brisa.

Il donna un coup de poing dans le volant lorsqu'il s'aperçut que c'était Joey Feeler, ce nabot débile qui tenait la boutique de donuts pour son père.

Quand Big Tony ouvrit la portière, elle frappa Joey dans les couilles et il se ratatina comme un gobelet en carton minable.

Il laissa échapper sur le trottoir le sac en papier blanc qu'il avait à la main.

— Enculé !

Big Tony le saisit à la gorge et le précipita à terre. Il écrabouilla le visage de Joey sous sa chaussure de ville, lui donna des coups de pied dans la figure. Joey avait interrompu son temps de répit. Mais pire, à cause de lui, Big Tony avait fait tomber sur le tapis de sol de la voiture une petite montagne de cocaïne de qualité supérieure. Sans parler du traumatisme dévastateur et irréparable que lui causait la perte de son miroir préféré. Celui qui faisait la pub de sa boîte de strip-tease préférée.

Maintenant, on n'y lisait plus que "Cowboy Roy's Fan".

Il recula d'un pas et vit le sol jonché des donuts dont Joey avait eu la générosité de lui apporter tout un sac. La patte d'ours à la crème avait l'air de sortir du four.

Joey se roulait de droite à gauche, hurlant et saignant.

— Oh, bordel !

Big Tony essuya la sueur de son visage du revers de sa main. Il baissa les yeux vers le pauvre connard étendu sur l'asphalte ; il jeta un regard en direction des pâtisseries. Il pensa à la cocaïne. Il pensa à la patte d'ours.

Big Tony jeta une poignée de billets sur la poitrine du petit bonhomme et lui dit d'aller se nettoyer, bon Dieu. Puis il ramassa le sac et remonta dans la Lincoln. Il quittait l'allée avec un miroir cassé, une demi-patte d'ours, et le tapis de sol de sa voiture plein de cocaïne. Et pas juste de la cocaïne ordinaire, mais de la cocaïne bleue du Pérou. *De la came extra premier choix*, et il ne pouvait pas la laisser comme ça sur le tapis de sol, mélangée à la poussière de l'hiver.

Il était sur le point de plonger un doigt dans le tas quand une voiture de police arriva derrière lui. Big Tony se mit à transpirer, mais il continua à tenir son rôle. Il devait se montrer prudent, alors il laissa la voiture à sa place et la joua cool.

Il regardait sa drogue et tâchait de penser à autre chose. Il ne s'inquiétait pas trop pour la Lincoln. Elle n'était pas compromettante, pour une voiture volée. À part le revolver entre les sièges. Et la cocaïne.

Big Tony vérifia la voie de droite et alluma son clignotant. Quand il eut changé de voie, il ralentit et le flic le doubla. Le policier jeta un bref regard dans sa direction et Big Tony hocha la tête. Il fallut un moment avant qu'il puisse se détendre. Il avait besoin de relâcher la pression. Il avait peut-être le temps d'aller au Cowboy Roy voir ses filles. Il pourrait peut-être se trouver un nouveau miroir.

La journée avait déjà mal commencé pour Joe Parker, et devoir repasser chez lui prendre un truc que sa femme avait oublié ne pouvait qu'aggraver les choses. Il ne pouvait pas croire qu'un bout de papier lui crée autant de difficultés.

Il avait besoin de l'acte de vente pour un camion qu'il déchargeait, mais il l'avait laissé chez lui. Il avait appelé sa femme Cathy de la cabine téléphonique située à l'angle de la 6ᵉ Rue et de Williams Avenue, celle qu'il utilisait toujours pour ses affaires, et elle avait promis de l'apporter en partant. Mais Cathy avait oublié elle aussi.

Il hurla dans l'autre pièce, dit à Sid qu'il avait une mission pour lui.

Sid entra en hâte dans le bureau; il cherchait une excuse pour s'en aller.

— Qu'est-ce qu'il vous faut, M. Parker?

— Tous les deux, vous contrôlez cette *situation*?

Parker aimait s'exprimer en langage codé. Il ne faisait confiance à personne, alors il ne disait jamais rien qui puisse l'incriminer. Il se contentait de faire des allusions.

— Ouais, enfin on a essayé, mais on a eu comme un problème. Apparemment, ce brave Sans Couilles, là, a perdu les clefs.

Le visage de M. Parker vira à l'orange brûlé autour de ses joues et dans son cou.

— Bordel de merde, Sans Couilles, espèce de gros connard. On se demande vraiment à quoi je te paye.

Johnny chercha du regard l'aide de Sid, mais celui-ci recula d'un pas.

— Eh, patron, on savait pas. Et on n'est même pas sûrs que c'est moi qui les ai perdues.

Sid détourna la tête.

— Eh bien, tu t'es excusé de les avoir perdues, Johnny, non?

— Non, j'étais pas désolé de les avoir perdues, j'étais désolé que tu les trouves pas, c'est tout. Il y a une différence, crois-moi.

Personne ne parla pendant deux ou trois secondes. Sid dit à Sans Couilles :

— C'est n'importe quoi, ce que tu racontes.

— Vos gueules, bordel! hurla M. Parker. Bouclez-la, espèces d'enculés! *On s'en tape, putain!* Johnny, c'est de ta faute. C'est toujours de ta faute.

Johnny redressa sa poitrine offensée.

— Ah, c'est toujours de ma faute, hein? OK, très bien. C'est de ma faute pour tout, alors.

— Tout est de ta faute, Sans Couilles, dit M. Parker.
Il réfléchit quelques minutes, puis dit :
— Qu'ils aillent se faire foutre, alors. On va oublier tout ce merdier. Laissez la voiture chez Montgomery.
Il regarda Sid, mais marqua un silence avant de parler :
— Donc y a rien à discuter ?
C'était sa façon de demander à Sid si Telly avait bien été torturé pour obtenir des informations, assassiné, découpé en huit morceaux, et si les huit pièces avaient été dûment jetées dans les eaux du Mississippi, du Missouri et du Meramec à différents endroits.
— Rien d'autre à discuter.
C'était la façon qu'avait Sid de confirmer qu'il avait veillé à tout et qu'il n'y avait pas trace de l'argent.
— Donc y a rien *du tout* à discuter ?
Il voulait être sûr qu'il n'y avait absolument aucune chance que Telly ait l'argent.
Sid secoua la tête d'un côté à l'autre. Il dit que c'était bien dommage pour Bruiser.
M. Parker dédaigna ce commentaire comme s'il ne l'avait pas entendu, mais les yeux de Joe Parker étaient des éclats tranchants de cobalt auxquels rien n'échappait. Sid regarda les rides se rejoindre sous son teint mat cuit et tanné par des années au soleil. Son crâne commençait à se dégarnir et son menton manquait un peu de vigueur, mais il restait un adversaire des plus redoutables.
— OK, alors. Je veux que t'ailles chez moi récupérer quelque chose. T'as toujours ta clef, non ?
— Bien entendu.
Sid tâta l'extérieur de sa poche.
— Alors file à l'Indigo et récupère-moi cet acte de vente.

Sid haussa les sourcils mais ne broncha pas.

— C'est pour le demi-tonne Chevrolet qui vient de South County, précisa Parker.

Sid hocha la tête et frotta sa barbe de trois jours comme s'il cherchait une réplique brillante.

— Je peux faire ça, M. Parker, répondit-il. J'emmène Sans Couilles avec moi ?

Sans Couilles voulut protester, mais M. Parker le devança.

— Putain, oui. Sinon tu vas me voler impunément, espèce de salaud d'Angliche.

Sid haussa les épaules et sortit du bureau. Sans Couilles le suivit jusqu'à la voiture.

— Merci beaucoup, connard, dit Sans Couilles.

— Eh, il fallait bien lui donner le change, non ?

— Qu'il aille se faire foutre, ce trouduc.

— Ouais, un trouduc c'est fait pour ça, Johnny.

Ils quittèrent le parking et Sid alluma son siège chauffant. C'était une âpre journée d'hiver aux ciels sombres, balayée par un vent massif. Heureusement qu'il partait ce soir-là pour la Floride, songea Sans Couilles.

— Je sais qu'on n'a pas eu beaucoup de temps pour en parler, mais t'es vraiment sûr de vouloir faire ça ?

— Quoi ? dit Johnny. Garder l'argent ? Oui, bordel, je veux garder le fric. J'emmerde Parker, t'as entendu comme il m'a parlé, ce fils de pute ?

— Ouais, j'ai entendu.

Sid avait un appartement en ville avec beaucoup de jolis meubles et une garde-robe entièrement fournie par Calvin Klein, mais tout ça lui était bien égal. Il lui fallait seulement deux ou trois trucs et il était libre de filer. Sid voyageait léger. Pas de femme, pas de copine qui vaille la peine qu'on s'en souvienne, juste une fille qu'il avait à Manchester disait la rumeur.

Sans Couilles avait une ex-femme et trois gosses. Inutile de posséder un QI de 178 pour savoir qu'il allait foutre sa vie en l'air s'ils gardaient l'argent. Mais ce n'était pas le problème de Sid.

Soudain, des sirènes retentirent derrière eux et Sans Couilles fit un bond.

— Du calme, mon pote, c'est une voiture de pompiers.

Ils émirent tous deux un ricanement gêné.

Ils se rangèrent sur le côté pour laisser passer les pompiers et Sans Couilles se concentra sur les essuie-glaces. Ils allaient et venaient à leur rythme programmé. Sans Couilles demanda à Sid où il allait partir.

Sid se tourna vers lui.

— On devrait peut-être pas se le dire.

Il haussa les épaules. Sans Couilles hocha la tête. C'était sûrement mieux comme ça.

À l'aide des boutons du volant, Sid monta tout à coup le volume quand la radio se mit à parler de la caisse de crédit. C'était un flash d'information sur *105.7 The Point*. Ils annonçaient le nom du type tué lors du braquage, mais ni Sid ni Sans Couilles ne le reconnut.

— C'était quoi le vrai nom de Bruiser ?

— Aucune idée, répondit Sans Couilles. Il était pas italien ?

— C'est ce qu'il croyait.

Sid revint sur la chaussée et la grosse voiture projeta de la neige fondue sur tout le bas-côté.

Sans Couilles était nerveux, Sid le voyait bien.

— Alors t'iras où, Johnny ?

— Je croyais qu'on devait pas se le dire ?
— Oublie. Ça fera de mal à personne.
Sans Couilles regarda Sid.
— En Floride, je me disais. T'y es déjà allé ?

Les articulations de Sid s'échauffèrent lorsqu'il s'agrippa au volant. Foutue coïncidence. Il ne pouvait pas laisser Sans Couilles aller en Floride. C'était *lui* qui partait en Floride.

— Ah non, va pas là-bas, mon pote. Crois-moi, c'est pas pour toi.

Johnny avait l'air perplexe.

Sid devait agir vite.

— Tu te rappelles Steve Bruce ? Tout le monde l'appelait Junior.

Sans Couilles fouilla dans sa mémoire. Il leva la main, se balança de gauche à droite et dit :

— Vaguement.

— Eh bien, Steve Junior était sur le point de se faire coincer et il a foutu le camp à Panama Beach. Ça, tu t'en souviens ?

Johnny ne s'en souvenait pas.

— Putain, de quoi est-ce que tu parles, Sid ?

— Bordel, Johnny, j'essaie de te raconter un truc qui pourrait te sauver la vie. Fais un peu gaffe à ce que je dis, s'il te plaît.

Sans Couilles haussa les épaules et leva les paumes vers le ciel.

— Bon sang, calme-toi. Je t'écoute.

Sid avait besoin de se calmer. Il entrouvrit la vitre ; il commençait à avoir du mal à respirer. La Lexus était une cocotte-minute en acier et il cuisait à petit feu sur son siège en cuir. Sid baissa le chauffage au minimum. Il poussa au maximum celui du siège de Johnny.

— Donc ce mec, Steve Junior, il vole du fric et il se fait choper. Il négocie pour sauver sa peau, il a qu'à témoigner contre le type qui a monté le coup.
— Quel coup, Sid ? J'y comprends plus rien.
Sid perdait patience.
— Ce que je veux te dire, Johnny, grogna-t-il, c'est juste : *Va pas en Floride*. Ils te retrouveront exactement comme ils ont retrouvé Steve Junior. Et ils te couperont la bite comme ils lui ont coupé la sienne.
— Ils lui ont coupé la bite ?
Sid lui dit que oui. Il avait vu un truc de ce genre à la télé, il n'y a pas si longtemps.
La Lexus arriva devant l'Indigo, attendit qu'un chasse-neige ait tourné au coin de la rue, puis ils pénétrèrent dans le garage. Sid coupa le moteur, arrêtant les essuie-glaces en pleine action. Les choses n'auraient pas pu mieux tourner.
— On prend le sac avec nous, Johnny. On le garde dans la bagnole jusqu'à la fin de la journée, après on le partage et on part chacun de notre côté. Mais pas en Floride.
Johnny dit que ça lui allait.

DOYLE tira du sac de voyage liasse après liasse et les fourra dans le sac de sport. Il y avait des paquets de billets de dix, de vingt, de cinquante et de cent dollars. Ils étaient emballés individuellement dans des bandes de couleur. Il n'arrivait pas à croire qu'aucun paquet de sécurité n'ait été mélangé aux autres dans le sac. Doyle savait que lorsqu'un paquet de sécurité explosait, il vaporisait de la fumée rouge et du colorant. Le braquage perd alors tout intérêt et le pauvre connard sur qui ça tombe abandonne son sac de fric inutilisable. Mais ce n'est pas ce qui s'était passé cette fois, ce que Doyle trouvait surprenant.

Quand le sac de sport fut plein d'argent, Doyle transféra le chalumeau oxyacétylénique d'un sac à l'autre, ainsi que son vérin hydraulique portatif. Avec les deux marteaux de forgeron, deux scies à métaux, une rallonge électrique de quinze mètres, un marteau à panne ronde, une paire de gants en amiante, un casque de soudeur, une chaîne et un treuil de remorque.

Le sac de sport était tout aussi lourd qu'avant, et il eut du mal à le traîner jusqu'à la porte d'entrée.

Il se retourna pour jeter un dernier coup d'œil dans la pièce ; il voulait être sûr de n'avoir rien oublié. Puis il se rappela le liquide dans le coffre-fort, et l'attrait irrésistible de cette montre. Il posa le sac de voyage à terre et courut jusqu'au coffre. Il décida d'emporter ce qu'il pouvait avant de partir.

Doyle revint dans le séjour avec les bijoux, les boutons de manchettes, la montre et le gode. Alors qu'il enfonçait le tout dans sa banane, il entendit de l'autre côté de la porte la voix bien reconnaissable de cet enculé d'Angliche qui discutait avec un nommé Sans Couilles.

Johnny disait déjà à Sid qu'il avait faim alors qu'ils sortaient de l'ascenseur. Ils tournèrent dans le couloir et Sid lui répondit :
— Eh bien, t'as qu'à aller voir dans son putain de frigo. Et tant que tu y es, t'as qu'à me faire un sandwich.

Sans Couilles rit.
— Ouais, c'est bon pour une fois.

Sid ouvrit la porte et ils pénétrèrent dans le salon de Joe Parker.

Il appela Cathy Parker, pour être bien sûr qu'elle n'était pas rentrée déjeuner.

Une fois que Sid fut certain qu'ils étaient seuls, ils s'engagèrent dans le corridor.

Ils ne virent pas les rideaux bouger quand Doyle s'avança sur le balcon avec le sac de sport plein de liquide.

La première chose qu'ils firent fut d'aller dans le dressing vérifier que le sac y était. Ils se regardèrent en souriant. Sid hocha la tête :

— On a réussi, Johnny.

Johnny n'arrivait toujours pas à y croire. Il avait envie de cracher à la gueule de Parker après toutes les insultes qu'il encaissait depuis des années. Il aurait voulu voir la tronche de Parker quand il comprendrait qu'ils lui avaient *revolé* son argent volé, Sid et lui.

Ils partirent dans la cuisine et Sid ouvrit le frigo. Il prit une bouteille de jus d'orange et en but une bonne rasade au goulot. Il ouvrit le bac à légumes, en tira un tas de charcuterie qu'il s'enfonça dans la bouche.

— C'est de la bonne bouffe, Johnny.

Johnny ne répondit rien.

Sid fouilla dans quelques tiroirs mais ne vit rien qui vaille la peine d'être volé. Son cerveau fonctionnait en vitesse surmultipliée, ses pensées tourbillonnaient. Il devait rester cool. Bien réfléchir. Quand Parker comprendrait que l'argent courait toujours, il saurait tout de suite qui étaient les deux premiers mecs à découper en morceaux.

Et ce ne serait pas seulement Parker, mais les gens pour qui Parker travaillait. Des gens qui avaient des relations dans le New Jersey et pire.

Sid finit de vider la bouteille de Tropicana. Il regarda autour de lui mais ne put trouver Sans Couilles.

— Eh, Johnny ?

Johnny hurla un truc depuis la pièce d'à côté.

Sid entra dans la chambre en demandant :

— Putain, qu'est-ce que...

Mais il s'interrompit au beau milieu de sa phrase. Johnny Sans Couilles était accroupi sur le lit de Parker, le pantalon baissé jusqu'aux chevilles, adossé à la tête du lit, en train de pisser et de chier sur l'oreiller en soie de Parker.

— Bon Dieu, Johnny ! T'as pété les plombs, mon pote ?

Sid était ivre de rire ; il sortit de la chambre les larmes aux yeux. Sans Couilles était en train de chier sur l'oreiller du boss. *Le fils de pute.* On dirait bien qu'il n'y avait plus moyen de revenir en arrière, maintenant.

Doyle avait répété cette situation depuis le balcon de l'appart qu'il était censé vouloir louer pour ses parents. Il s'y était *préparé*. Juste au cas où il devrait escalader le mur jusqu'au balcon d'au-dessus. Il en était capable, mais pas lesté par un sac de sport plein d'argent.

Prudemment et bien à contrecœur, il jeta le sac par-dessus le rebord. Il le regarda tomber lentement puis s'écraser à terre, dans une explosion de neige et de glace. Il devrait faire le tour du bâtiment pour aller le récupérer plus tard. Il espérait simplement que personne ne le trouverait en promenant son chien. Voler de l'argent volé pour le perdre ensuite au profit d'un riverain curieux qui promène son schnauzer, il y avait là une ironie difficile à supporter.

La banane fermement attachée à la ceinture, Doyle saisit le bas du balcon d'au-dessus et s'y hissa. Le godemiché lui rentra dans l'estomac alors qu'il se trémoussait. Il tenta de se rappeler pourquoi il l'avait volé.

Deux mois auparavant, quand il avait tenté cette escalade, c'était en octobre. Le temps était ensoleillé et il faisait 20°. Le vent ne soufflait pas en rafales. Et il n'y avait pas de glace. Et pour cette répétition, il n'avait pas réellement escaladé le balcon, même s'il l'avait bien observé. Dans sa tête, Doyle était à peu près certain de pouvoir y arriver.

Il s'agrippa à la balustrade et monta les mains jusqu'en haut, jusqu'à ce qu'il sente le rebord de béton avec son genou. Un automobiliste passant devant l'Indigo et regardant l'immeuble avec attention aurait vu un homme en combinaison noire suspendu à soixante mètres au-dessus du sol. Sa main gauche glissa momentanément, le métal était incrusté de glace, difficile à tenir, mais il put finalement se hisser par-dessus la grille et se laisser tomber sur le balcon. Il y resta assez longtemps pour reprendre son souffle, mais il fallait qu'il récupère l'argent.

Son seul soulagement était de savoir que l'appartement au-dessus de chez Parker était inoccupé. Un coup de chance, sans doute, et un facteur décisif sans lequel il n'aurait jamais pu entreprendre cette opération.

Après avoir fracturé la porte coulissante, Doyle pénétra dans le logement vide et alla jusqu'à la porte de l'appartement 302, juste au-dessus de chez Parker. Il prit le premier ascenseur qui descendait. Il était encore nerveux et en sueur comme un coureur de cross-country, malgré le froid astringent.

L'ascenseur s'arrêta à l'étage en dessous. Lorsque la porte s'ouvrit, un inconnu entra et lui jeta un coup d'œil rapide. L'inconnu remarqua la sueur.

— Il fait chaud, là-haut, l'ami ?

Doyle reconnut l'accent. C'était ce connard de British.

Doyle secoua la tête. La sueur lui ruisselait sur le visage et tombait en pluie sur le sol. En baissant les yeux, Doyle se rappela qu'il avait encore la banane attachée à la taille. Il se demanda si Sid l'Angliche allait voir les contours du gode de Mrs Parker.

Doyle descendit au rez-de-chaussée. Il supposait que Sid se rendait au garage, mais il voulait sortir de cet ascenseur à la première occasion. Il maudit sa putain de malchance. Il savait que l'Angliche l'avait forcément reconnu. Tout allait foirer d'une minute à l'autre et Doyle serait baisé.

Il marcha aussi vite que possible dans le hall, puis tourna à droite et trouva la sortie dont il avait besoin. Quand il ouvrit la porte, il vit le sac qui l'attendait dans un coin tranquille entre deux buissons. Doyle saisit le sac de voyage et son visage afficha un mélange de fierté, d'enthousiasme et de satisfaction.

Et d'inquiétude aussi. Il ne pouvait y croire. C'était trop facile.

Doyle remonta dans la camionnette et son cœur battait si fort que tout le monde dans le garage pouvait l'entendre. Dans ce putain d'ascenseur, il l'avait vraiment échappé belle. Il était sûr que Sid l'Angliche l'avait reconnu. Forcément. C'était une petite ville.

La dernière fois qu'ils s'étaient vus remontait à moins de deux mois, au Cowboy Roy's Fantasyland. Doyle était à peu près certain que Sid tringlait plus ou moins régulièrement une des stripteaseuses. Il ne se rappelait pas comment elle s'appelait, mais il était sûr de pouvoir l'identifier grâce à sa poitrine. Ses nichons avaient laissé une impression indélébile sur l'esprit de Doyle.

Il devrait poser la question à Big Tony. Big Tony connaissait toutes les stripteaseuses du Cowboy Roy et il s'amusait à se tenir au courant de tous leurs faits et gestes.

Plus tôt, Doyle lui avait envoyé un SMS disant: *Rendez-vous au Tilted Kilt de St Charles. 1 heure.* Les gros doigts de Big Tony devaient être bien incapables de tapoter sur un clavier, mais il espérait au moins qu'il serait capable de lire le message.

Il leur fallait un endroit neuf. Ils ne pouvaient pas se fier au Cowboy Roy. Ils devaient faire profil bas jusqu'à ce qu'ils puissent quitter la ville. Doyle connaissait l'endroit idéal.

Doyle ouvrit le sac et en tira un paquet de billets de cent dollars. Il fourra son nez dans le sac et huma tout cet argent. Même divisé par trois, ça restait une fortune qui méritait qu'on prenne des risques.

Jusque-là, tout ce qu'ils avaient fait en avait valu la peine.

Il retourna à l'arrière de la camionnette et jeta l'argent sur le plancher. Il voulait en cacher autant que possible avant de devoir partager le reste. Il méritait une part supplémentaire. Il avait fait tout le boulot.

Doyle entassa des tas de billets dans les boîtes à outils qu'il avait à l'arrière. Il inséra liasse après liasse dans un rouleau de tapis, cacha quelques autres paquets de billets de cent sous une couverture. Il mit le reste dans le sac de sport.

Lorsqu'il fut convaincu que la Lexus était partie depuis longtemps, il ôta sa combinaison, enfila un pantalon de coton, une chemise à col boutonné et un manteau d'hiver avec une capuche. Il ne ressemblait plus du tout à l'homme en tenue sombre qui avait fait le tour du bâtiment pour aller ramasser un sac de sport rempli d'argent. Il ne ressemblait plus du tout à l'homme auquel Sid l'Angliche avait parlé dans l'ascenseur. Du moins c'était ce qu'il espérait.

Doyle quitta l'Indigo, s'échappa du Central West End et gagna l'Interstate 44, qu'il prit pour rejoindre l'Interstate 270. Dix minutes plus tard, il entrait dans le Tilted Kilt et commandait un double cheeseburger, des oignons frits et une root beer. Les habitués buvaient des coups tandis qu'un grand type en T-shirt Pearl Jam anéantissait les autres habitués au Quizz du jour.

Doyle regarda les filles arborant l'uniforme de la chaîne de pubs, avec leur décolleté et leur jupe courte qui s'arrêtait juste sous les fesses. Sa serveuse s'appelait Courtney, elle était belle et il lui laissa vingt dollars de pourboire. Elle avait les cheveux qui tombaient en bandeaux de part et d'autre de son visage et il dut lutter contre le désir puissant de lui dire de lâcher son job pour venir s'installer avec lui sur leur île privée, où ils passeraient le reste de leurs jours à baiser et à faire la roue sur la plage.

TANDIS qu'il attendait Sans Couilles dans la Lexus, Sid utilisa son téléphone pour surfer sur internet et étudier les différents coins de Floride qui pourraient devenir son domicile. Il était sorti de la chambre en courant lorsqu'il avait vu Sans Couilles déposer son étron sur l'oreiller. Il lui avait dit de descendre le sac avec lui quand il aurait fini.

Sid écoutait Howard Stern sur une chaîne satellite et il s'amusait bien quand Johnny finit par le rejoindre. À l'instant où Sans Couilles sortit de l'ascenseur de service, Sid remarqua les rides de désarroi qui marquaient son visage soucieux. Il ouvrit le coffre, mais Sans Couilles s'approcha du côté conducteur et laissa tomber le sac de voyage à terre. Sid remarqua l'étrange *clic* métallique émis par le sac lorsqu'il heurta le ciment.

— Putain, c'est quoi, ça ?

— On s'est fait voler, Sid. Parker s'est fait voler. Quelqu'un a ouvert son coffre et a pris notre fric. Ils ont rempli le sac de trucs genre matériel de plongée.

Sid sursauta.

— *Du matériel de plongée ?* Bordel, qu'est-ce que tu racontes, Johnny ?

Sans Couilles se pencha et ouvrit la fermeture du sac pour montrer à son associé le chalumeau à acétylène et les marteaux de forgeron. Il brandit une paire de gants en amiante.

Sid releva la tête, les yeux grands comme les assiettes à salade en étain de chez Scupper Jack. Il fit claquer la paume de sa main sur le côté de sa portière.

— C'est quoi, ça, putain ?

— J'en sais rien. Quand j'ai eu fini de chier, je suis allé dans la salle de bains me laver les mains et j'ai vu le coffre ouvert. Putain, où est notre fric, Sid ?

Sid réfléchissait. Il regarda autour d'eux et dit à Sans Couilles de monter dans la voiture.

— Il faut qu'on se casse, Johnny.

Sans Couilles jeta le sac d'outils dans le coffre et sauta sur le siège passager.

Sid parcourut des yeux le garage. Il tentait de comprendre. Il crut d'abord que Parker l'avait roulé, mais ça n'avait aucun sens. Il tâchait de réfléchir, mais Sans Couilles continuait à jacasser, comme quoi ils étaient foutus. Comme quoi M. Parker allait leur planter les couilles sur un pieu.

— Ta gueule, Johnny. Faut que je réfléchisse. Putain, utilise ta tête, pour une fois, et aide-moi.

Les indices étaient dans le sac. Un chalumeau, des gants de travail, des marteaux de forgeron, des vérins hydrauliques, des jauges de chaleur. Quelqu'un avait prévu un coup, un gros coup, mais n'avait finalement pas utilisé son matériel. Pourquoi ? Parce qu'il avait simplement trouvé un gros sac plein d'argent dans un placard.

Sid consulta sa montre et calcula. Celui qui avait cambriolé Parker avait agi dans une fenêtre de deux heures entre le moment où Sans Couilles avait mis l'argent dans le placard et le moment où ils étaient revenus.

Sid ouvrit la portière et sortit du véhicule. Quelqu'un les avait suivis. C'était la seule explication. Sid ne pouvait pas comprendre comment cela s'était produit, mais il était complètement anéanti par l'idée soudaine qu'il avait été tout près de cet argent à présent envolé. ENVOLÉ. Et il ne savait ni qui l'avait pris, ni comment il pourrait jamais le récupérer.

Sans Couilles ouvrit sa portière et voulut sortir, mais Sid l'en dissuada. Ils devaient appeler M. Parker et lui dire qu'il s'était fait cambrioler. Son argent volé, volé une première fois, venait d'être volé une nouvelle fois.

Ils quittèrent le parking et Sid roula jusqu'à un autre parking situé en face du garage de l'Indigo. Il resta assis à profiter du calme ; il avait besoin de réfléchir.

Le seul son qu'ils entendaient était celui des essuie-glaces glissant sur le pare-brise, jusqu'au moment où Sid finit par rompre le silence. Il dit à Sans Couilles que

Telly, cet enfoiré de junkie, devait être plus malin qu'ils ne croyaient. Depuis le début, il travaillait avec un autre type, en plus de Bruiser. Il devait avoir demandé à son associé de le suivre, au cas où.

— Ouais, mais ça colle pas, Sid. Si le type avait eu un associé, pourquoi il aurait laissé l'argent dans le coffre pour qu'on le trouve ? Et pourquoi il nous aurait laissés le prendre, juste pour s'emmerder à le revoler ensuite ? Ça tient pas debout.

Merde ! Sid martela le volant alors que la neige continuait à tomber, tantôt plus épaisse, tantôt plus légère, mais sans jamais cesser.

— Pourquoi Telly se serait emmerdé à venir au rendez-vous s'il avait l'argent ? demanda Sans Couilles.

— Putain, j'en sais rien, Johnny. Il attendait peut-être qu'on lui refile de la came avant de quitter la ville. Mais on saura jamais ! J'ai aucune envie d'essayer d'imaginer ce qui se passait dans la tête d'un connard de junkie.

— Il se doutait peut-être pas qu'on allait le buter ?

— Sans blague, Johnny ? T'as raison, il devait pas se douter qu'on allait le buter.

Sans Couilles haussa les épaules et mâchouilla l'ongle de son pouce.

Telly n'était qu'un pion, ils le savaient bien. C'était un junkie jetable qui portait le chapeau pour que les flics puissent clore le dossier et que justice soit vite rendue dans la ville. Peu importait qui allait récupérer l'argent, Telly devait mourir de toute façon. C'était ce qui était censé arriver. Mais personne n'avait prévu que Bruiser allait se prendre un pruneau dans le dos.

L'angoisse frappa Sans Couilles encore plus fort que Sid.

— Qu'est-ce qu'on va faire, mec ? On est tellement dans la merde.

Sid savait qu'il y avait dans le sac du matériel de cambriolage pour professionnel. Quelqu'un était venu à l'Indigo prêt à dévaliser tout ce putain d'immeuble. Celui qui leur avait volé leur argent était prêt à tout.

— Celui qui a volé Parker était un pro, dit Sid. Telly était qu'un junkie minable. Ils auraient jamais pu travailler ensemble, Johnny.

— Alors comment un pro a pu être au courant si on est que cinq ou six à savoir, bordel ?

Sid secoua la tête et dit qu'il ne savait pas. Il regardait à travers le pare-brise quand sortit de l'Indigo une camionnette Chevrolet portant l'inscription NARAMORE SERRURERIE.

Il plissa les yeux pour mieux voir le conducteur, puis se tourna vers Sans Couilles.

— Tu vois cette camionnette, Johnny ?

— Ouais, le serrurier ? Eh bien ? Tu penses qu'on s'est fait piquer le fric par un serrurier ?

Sid vérifia son rétroviseur et enclencha le levier de vitesse en marche arrière.

— Je sais pas, Johnny, mais j'ai un drôle de pressentiment. C'est peut-être rien, mais ça mérite qu'on y regarde de plus près.

Sid repensa à sa rencontre dans l'ascenseur. Le type en combinaison avait un drôle d'air. Sid le connaissait, mais il n'arrivait pas à se rappeler d'où. Il y avait juste un truc – intuition de voleur.

Sid sortit du parking avec son iPhone dans la main droite, cherchant avec le pouce.

— Y avait écrit quoi sur la camionnette, Johnny ? Naramore Serrurerie ?

— Ouais, un truc dans ce genre.

Sans Couilles se retourna pour s'assurer qu'aucune voiture n'arrivait derrière eux pendant que Sid était sur son téléphone.

— Tu peux y aller.

Sid s'avança.

— Oh, oh, qu'est-ce que tu dis de ça ? Elle existe pas, cette putain de serrurerie Naramore.

Il dirigea l'écran vers Sans Couilles.

— Qu'est-ce que ça veut dire, Sid ?

— Je suis pas encore sûr de ce que ça veut dire, mais je pense que je viens de voir cet enculé dans l'ascenseur.

— Le type de la camionnette ?

— Peut-être bien. Celui que j'ai vu, il suait comme un bœuf. Il avait pas l'air tranquille.

Sid se rappela la banane bien remplie que Doyle portait à la taille, il pouvait y avoir n'importe quoi dedans.

— *Sid, le feu !*

Sid était perdu dans ses pensées. Il grilla un feu rouge et se fit percuter de plein fouet à l'arrière par une camionnette GMC. La voiture tourna quatre fois sur elle-même. Sid alla frapper quelques poubelles qui roulèrent dans la rue. L'avant de la Lexus enfonça une clôture en bois dont une des planches se détacha, réduisant le pare-brise en miettes.

— Bordel de merde ! cria Sid.

Tout s'était passé vite. Il baissa les yeux et s'aperçut que la voiture tournait encore. Un son horrible se produisit lorsqu'il fit marche arrière, mais le véhicule obéit. Sid braqua le volant sur la gauche, remit la boîte automatique en position DRIVE et martela l'accélérateur, aspergeant de neige le jeune couple qui s'était arrêté pour leur venir en aide. Personne ne sortit de la camionnette GMC, dont le pare-brise avant arborait un impact en toile d'araignée.

Sans Couilles bougea lentement. Il était resté pétrifié pendant une minute, peut-être deux. Sid lui demanda si tout allait bien.

— J'ai trop mal à la tête, Sid.

Sid lança un coup d'œil vers lui.

— Tout va bien, Johnny.

La Lexus était foutue, mais Sid ne s'en souciait plus. Tout ce qui comptait, c'était l'argent volé et l'enculé qui le leur avait revolé. Il avait beau essayer, il ne pouvait établir qu'un seul lien. Le directeur de la banque, celui à qui Bruiser et Telly avaient réglé son compte.

— Putain, j'ai trop mal à la tête, Sid.

— Ressaisis-toi, Johnny. T'as vu comment ils ont arrangé ma Lexus, bordel ?

Sans Couilles frotta la bosse qu'il avait sur le côté du crâne et dit à Sid que sa Lexus pouvait aller se faire foutre.

— Qu'est-ce qu'on fait pour Parker, Johnny ? On l'appelle, on lui dit qu'il s'est fait dévaliser, ou on le laisse découvrir ça tout seul ? On pourrait juste lui dire qu'on a pris le papier sur la table et on dit pas un mot du cambriolage. De toute façon, il saura jamais à quel moment ça s'est fait.

Sans Couilles dit que c'était une idée géniale.

— OK, on lui dit rien. De toute façon, s'il nous demande, on fera comme si on voyait pas de quoi il parle.

Sid avait perdu la trace de la camionnette et la Lexus émettait des bruits inquiétants. Il se gara sur le parking d'une épicerie pour appeler Parker. Il lui dirait qu'ils avaient le papier, mais qu'ils avaient eu un petit accrochage sur la route. Ils arrivaient au plus vite.

— Et le serrurier ?

Sid eut un sourire démoniaque, dit qu'il ne devrait pas être dur à trouver. Il était à peu près certain de l'avoir vu au Cowboy Roy.

Big Tony était assis dans son box préféré au Cowboy Roy et il sirotait du cognac hors de prix en rêvant à une femme qu'il n'aurait jamais. Elle se déplaçait lentement, avec détermination. Plus amoureuse d'elle-même qu'elle ne le serait jamais de quiconque. Mais ça ne gênait pas Big Tony. Il voulait la regarder danser. Regarder son corps lui parler pendant qu'il sirotait un Rémy Martin. De la bonne came.

Quand elle eut fini de se toucher et de se coller au poteau, les losers réunis en foule autour d'elle tirèrent de leurs poches peu profondes des billets d'un dollar froissés qu'ils jetèrent sur la scène. Big Tony jugea cela inacceptable.

Il s'approcha de la scène comme un caïd et lui lança une poignée de billets de vingt tout raides. C'était un geste audacieux, mais il pouvait maintenant se le permettre. Il était sur le point de réussir un coup incroyable et il se sentait en fonds. Il allait l'attirer, la séduire avec ses billets et l'emmener dans la Lincoln. Il lui proposerait la thérapie nasale péruvienne et il se ferait offrir une pipe. Ou au moins une branlette rapide.

Il se rassit et attendit qu'elle vienne le remercier, mais elle ramassa l'argent sur la scène et disparut derrière les rideaux. Le bref fantasme qui avait éclairé l'esprit de Big Tony se consuma et fut réduit en cendres. Sans parler des soixante dollars.

Il descendit le reste de son Rémy Martin et laissa tomber le verre vide sur la table. *Eh merde.* Les minutes passaient, il était presque temps de partir, mais il quitta le Cowboy Roy furieux et jura de ne plus jamais y revenir. Il aurait dû se douter qu'il ne fallait pas y aller un mercredi après-midi.

Mon téléphone sonna et me tira d'une sieste éclair. C'était Big Tony. Il dit qu'il se passait plein de choses et qu'il fallait qu'on se parle. Je lui répondis qu'on pouvait se retrouver à la boîte dans une heure, mais il refusa catégoriquement. On devait se voir ailleurs. Il me donna l'adresse. Dit qu'il devait partir et ne pas mobiliser son téléphone. Il pensait que Doyle avait peut-être essayé de l'appeler à l'instant.

J'allai dans la salle de bains m'éclabousser d'eau le visage. Je regardai mon reflet dans le miroir et fis jouer mes muscles. Mes abdominaux avaient tendance à mollir, mais ils étaient encore capables de se durcir sur commande. Mes épaules étaient suffisamment rondes et dures.

Je me retournai pour contempler mon punching-ball et mon banc de musculation. Deux haltères de vingt kilos étaient posés de part et d'autre, le tout s'empoussiérant. Quand je me mis de profil et fis jouer mes triceps, je fus impressionné de voir encore un beau contour en fer à cheval se dessiner sur le muscle, étant donné que je ne m'entraînais plus du tout régulièrement.

— Qu'est-ce que t'en penses, Frank?

Je pris la pose face à lui, les biceps en évidence, mais il ne parut pas impressionné.

— T'as faim, mon pote?

Frank se plaqua à terre et aboya. Je me dirigeai vers mon bureau et il devint dingue quand j'ouvris le tiroir à nourriture. Il dansa, sauta et se mit à courir dans tous les sens.

Je jetai à terre ma toute dernière canette de croquettes. Il faudrait que j'aille au ravitaillement quand je serais dehors. Je ne pus trouver sa gamelle à eau et je voyais qu'elle n'était pas dans le coin habituel où il aimait la traîner. Comme l'eau du robinet de la salle de bains commençait à avoir une drôle d'odeur, je versai la moitié d'une Corona dans la cafetière que je n'utilisais plus, puis je partis pour le rendez-vous avec mes associés.

En route vers le Tilted Kilt, j'emportai un verre de vodka mélangé à du jus d'airelles avec un trait de schnaps à la pêche. Il neigeait toujours, et avant de rejoindre l'autoroute, je vis quelques voitures nichées dans les fossés. J'avais envie de savoir ce qu'avaient découvert Doyle et Big Tony. J'avais passé toute ma journée avec Ron l'Amish à attendre qu'il baisse la garde assez longtemps pour que je puisse voler un truc. Je compris que l'inspecteur Ron Beachy n'était pas du genre à commettre des erreurs. Il ne révélerait rien que je n'avais pas besoin de savoir. Il ne me faisait pas confiance.

J'inspirai une longue gorgée de liquide à travers ma paille et changeai de voie. J'écrasai la pédale au sol pendant une seconde et laissai la Crown Victoria parler à ma place. Dans mon bureau, j'avais descendu quelques bouteilles de Southern Comfort et je parvenais maintenant au bout de mon deuxième gobelet en polystyrène, la paille en plastique orange raclant le fond pour récupérer les ultimes gouttes de Stoli.

Alors que j'accueillais à bras ouverts les premiers signes d'ivresse, je commençai à remarquer que mes pensées devenaient plus lucides à chaque cocktail que je préparais. Comme frappé d'un éclair venu du ciel, je compris la vérité qui était au cœur de ma vie : boire plus faisait de moi un meilleur détective.

Je mettais tout en ordre et je remplissais les blancs. Un jour, le monde s'émerveillerait de mon génie en matière d'investigation. Et mon héritage aurait beau être jonché de canettes de bière vides, je laisserais au moins une trace.

Après avoir épuisé le contenu du gobelet, je le coinçai à sa place entre les sièges et le calibre .12. Je retirai le couvercle, versai un peu de Stoli sur ce qui restait de glaçons et me débrouillai plutôt bien pour maintenir la Vic sur la route, vu les circonstances. Seul un ivrogne expérimenté pouvait préparer un verre d'une main tout en négociant, de l'autre, son chemin à grande vitesse à travers une tempête de neige.

Quand je fis entrer la Vic sur le parking, je vis la Lincoln de Big Tony garée à l'autre bout, avec lui immobile au volant. Il devait être en train de prendre de la cocaïne. J'avalai une solide rasade de mon gobelet et me garai à côté de lui. Il me fit signe de monter dans sa voiture.

— Putain, qu'est-ce qu'il fait froid.

Je m'assis.

Big Tony se tourna vers moi.

— C'est pas vrai, ce que je dis ?

Il avait le miroir posé sur la jambe et je vis qu'il était cassé. Je le regardai ; il tenait encore la paille entre le pouce et l'index, les yeux perdus dans le vague.

Je désignai le miroir, mais il secoua la tête.

— Me demande pas.

Il jouait avec la paille.

— Tu sais, dis-je, c'est mieux d'utiliser un billet de banque.

— Hein ?

Big Tony étrécit les yeux en me regardant.

— C'est mieux d'utiliser un billet de banque pour se faire des lignes. Si un flic t'arrête, c'est juste un billet. Il peut y avoir des traces dessus, peut-être pas. Mais de toute façon, tu dis que c'est l'employé de la dernière station-service qui te l'a donné. Tu peux toujours faire porter le chapeau à un autre. Si on t'arrête avec une paille de cinq centimètres dans ta poche...

— Ils pensent que tu prenais de la coke.

— Eh bien, disons que ça peut les rendre un peu plus méfiants.

Je pris une nouvelle rasade de mon gobelet et j'espérai qu'il m'épargnerait en retour un sermon sur mon alcoolisme au volant dans le blizzard. À ce point de ma carrière, j'étais bien mieux placé pour donner des conseils que pour en recevoir.

— Voilà Doyle.

Nous le regardâmes traverser le parking à pied, se frottant les mains. Doyle se glissa sur le siège arrière et ordonna à Big Tony de monter vite le chauffage.

— Il est déjà au maximum.

Doyle regarda autour de lui.

— Y a pas de chauffage à l'arrière, dans ce tas de boue ?

— Fais gaffe, espèce d'enfoiré.

Big Tony était très fier de son 4x4 volé.

— Tu devras peut-être t'en acheter une nouvelle avec ta part.

Je me retournai vers Doyle, radieux.

Big Tony était trop gros pour se retourner, alors il se contenta de foudroyer Doyle du regard dans le rétroviseur pendant que celui-ci baissait les yeux et tirait quelque chose de la poche de son pantalon.

— De quoi tu parles, putain ?

— Je parle de ça, mec.

Doyle lança une liasse de billets de cent dollars sur le siège avant.

Je faillis répandre mon verre.

— Putain c'est quoi, ça, Doyle ?

Il lança encore une pile de billets à l'avant. Je ne pouvais pas en croire mes yeux. Il arrivait enfin quelque chose de bon.

Les quelques minutes suivantes furent bien remplies, sans pourtant qu'on prononce aucun mot. Nous étions juste trois nouveaux riches, l'un défoncé, l'autre à moitié saoul, mais tous à gueuler et à rire et à se donner des tapes sur les épaules et dans le dos.

Doyle dit qu'il n'avait pas eu le temps de compter mais que dans chaque liasse de billets de cent, il y en avait cinquante.

— Donc c'est quelque chose comme cinq mille dollars que tu tiens, dit-il, faisant le calcul.

— Et il y a combien de liasses de cinq mille ? demanda Big Tony.

— Peut-être cent. Peut-être deux cents. Je sais pas.

Abasourdis, Big Tony et moi nous regardâmes, bouche bée. Personne ne pouvait s'arrêter de sourire.

— Donc on a peut-être un million de dollars devant nous ? demandai-je.

Doyle dit que oui, peut-être.

Je finis le reste de ma vodka et serrai les billets dans ma main. Ma première question était de savoir combien Doyle en avait mis de côté pour lui, mais je ne la posai pas. Il s'était coltiné tout le travail et je savais que j'en aurais fait autant à sa place. Si je sortais de cette affaire avec quelques centaines de milliers de dollars, je n'allais quand même pas me plaindre.

— Je pars pour la Floride, annonça Doyle.

Big Tony glissa entre ses lèvres un gros Don Pepin Garcia et dit qu'il partait pour Las Vegas.

Maintenant que nous avions réellement l'argent, je ne savais qu'en faire. Je ne pouvais pas m'enfuir trop vite ; cela semblerait suspect. Je ne pourrais pas dépenser confortablement l'argent dans la ville où il avait été volé. Et en plus Ron l'Amish avait mis en alerte maximale son détecteur à conneries. Tôt ou tard, je me retrouverais dans la peau d'un suspect. C'est peut-être pour ça que le commissaire avait ordonné à l'Amish de me surveiller de près. Je songeai tout à coup que je n'avais nulle part où entreposer un tel butin. Je ne pouvais pas me mettre à garnir mon triste compte à découvert d'argent liquide volé à une banque.

Je secouai les glaçons dans mon gobelet et déclarai que je boirais bien un coup, mais Doyle me dit d'attendre une minute. Il avait peut-être une mauvaise nouvelle à annoncer.

C'est le moment où je me mis à regretter d'être impliqué dans cette histoire. Le moment où il dit que nous allions avoir des ennuis. Je savais que tout avait un prix en ce bas monde. On n'avait rien sans rien. Surtout un sac de voyage plein d'argent pour lequel d'autres hommes étaient morts.

— Comment ça, il y a *peut-être* une mauvaise nouvelle ?

Doyle baissa la tête, la secoua de gauche à droite et dit :

— Eh bien, je pense qu'on pourrait dire que j'ai vraiment une mauvaise nouvelle à annoncer. Ce salaud d'Angliche a pris l'ascenseur avec moi quand je descendais. Je suis à peu près sûr qu'il m'a reconnu.

— Quoi ? s'écria Big Tony.
— T'es à peu près sûr qu'il t'a reconnu ? hurlai-je.
Doyle répondit que oui. Ça le contrariait.
— Bon Dieu, on est foutus, maintenant, dit Big Tony.
— On va finir dans une prison fédérale, à se faire élargir le fion par les détenus, dis-je.
Doyle agita les mains.
— Attendez une minute. Il y a forcément quelque chose à faire.
— Comme quoi, courir ? Parce que pour moi c'est tout ce qu'on peut faire.
— Non, c'est pas tout ce qu'on peut faire, dit Doyle.
Je savais où menait cette discussion. La seule issue vers laquelle elle s'acheminait.
— Qu'est-ce que tu proposes ? demanda Big Tony. On les tue ?
— Ça mérite qu'on y réfléchisse.
Je leur dis que ce ne serait pas une mauvaise idée, mais je savais que nous ne pouvions pas simplement commencer à tuer des gens. Il y avait déjà assez de morts. Et puis je savais que Ron l'Amish se consacrait à ce dossier et qu'il n'allait pas lâcher prise.
Big Tony dit :
— Valentine, utilise tes relations dans la police et vois ce que tu peux trouver.
Je répondis que je le ferais, que j'avais déjà commencé à tâter le terrain.
— Le problème, c'est Ron Beachy. Il est inspecteur et c'est un vrai casse-couilles. Le genre de type qui vit pour respecter la loi. Le genre de type qui va voir son patron quand il a été trop payé.
— C'est quoi, ce trou du cul ? demanda Big Tony.

— Un trou du cul qui a passé toute sa vie à battre le beurre. Et maintenant, il en veut à la terre entière.

Big Tony ayant haussé un sourcil perplexe, je tentai d'expliquer. Je lui dis que Ron avait grandi chez les Amish. Il faisait tout à la dure. Mais à présent il était flic et c'était un foutrement bon flic.

Je leur dis qu'il n'avait encore jamais laissé un cas non résolu, simplement des cas qu'il n'avait pas encore résolus.

Big Tony émit un glapissement sonore.

— Tu déconnes, Valentine. Tu vas me dire qu'il poursuit les voleurs en charrette ?

Ce fut le tour de Doyle de rire.

— Une sirène, ça ferait peur aux chevaux, hein, Nick ?

— Je crois que vous comprenez pas, bande de cons. Il est bon, ce type. Le meilleur que je connaisse.

Big Tony demanda si Ron avait une barbe.

Comme je jouais dans les deux équipes, je devais prendre une décision rapide avant de me faire limoger.

Doyle dit :

— Bon, les gars, je sais pas, vous, mais moi je me barre d'ici tant que je peux. Il est encore tôt. Personne sait rien sur rien. Y aura jamais de meilleur moment pour foutre le camp.

Big Tony était incapable de se décider et je ne pouvais reprocher à Doyle de vouloir partir. Dans sa situation, c'était la seule possibilité. Big Tony devrait sans doute s'enfuir lui aussi.

J'étais le seul à ne pas pouvoir partir. Trop de questions restaient en suspens et j'étais au beau milieu de toute l'histoire. J'avais envie d'aider le commissaire. J'avais envie d'aider Ron l'Amish. Mais j'avais aussi très envie de cet argent, pourvu que je n'aie à tuer personne pour l'obtenir.

Je dis à Doyle :

— Fais ce que tu dois faire. Foutre le camp, c'est peut-être le mieux pour toi.

Doyle nous dit que les gars de Parker étaient des vrais durs. Il semblait bien qu'ils avaient tué le junkie.

Il me montra le numéro d'immatriculation de la voiture garée devant chez Montgomery. Dit que ce devait être la bagnole du junkie, mais qu'apparemment ils avaient été drôlement surpris de trouver l'argent.

— Surpris ? demandai-je.

— À ce que j'ai vu, ils étaient sur le point de partir, quand le pauvre débile est allé regarder dans le coffre. Il a été tellement étonné de trouver le fric qu'il est tombé sur le cul et a glissé à moitié sous la voiture.

Je pris le morceau de papier et le fourrai dans ma poche. On dirait bien que les gars de Parker avaient prévu de garder l'argent pour eux, mais c'est là que Doyle était arrivé et avait tout chamboulé.

— Il y a une bonne nouvelle, dis-je. Parker ne sait même pas qu'il a été volé. (Je ris.) On est clean vis-à-vis de Parker. Il sait pas que cet argent a été à lui à un moment. Et les deux crétins peuvent rien lui dire, sinon il saura qu'ils le lui avaient piqué. (Je donnai un coup de coude à Big Tony, que je vis hocher la tête.) Parker saura même jamais qu'il a été volé.

Big Tony éclata de rire. Il tapota la petite boîte qui contenait la coke. Il dit que c'était vraiment une super nouvelle.

Je remarquai que Doyle ne parlait pas beaucoup.

Je lui demandai s'il y avait autre chose qu'on doive savoir.

Doyle répondit que oui.

— J'ai pris... euh... un peu de liquide. Peut-être une montre.

Il ne mentionna pas le godemiché.

— Putain, Doyle! C'est quoi, ton problème avec les montres, bordel? Tu pourrais t'en acheter une centaine avec tout ce fric.

Mais Doyle n'avait rien à répliquer. Il avait le vol à la tire dans le sang. Il ne pouvait pas plus refuser une montre que je ne pouvais refuser un verre.

— Ah, tu nous as bien foutus dans la merde, Doyle, dit Big Tony.

Doyle dit qu'il le savait.

Quand ils arrivèrent sur le parking du Cowboy Roy's Fantasyland, la lumière déclinait et les réverbères prenaient vie en clignotant.

Sid avait appelé M. Parker pour lui dire qu'il était bloqué à cause de l'accident. Il lui dit qu'il lui apporterait le papier dès qu'il pourrait, mais qu'il devrait peut-être d'abord emmener Sans Couilles à l'hôpital. Parker maudit l'incompétence de Sid et sa conduite minable, lui dit d'apporter l'acte de vente le lendemain.

Sid dit à Sans Couilles qu'il fallait conclure l'affaire le soir même.

— On n'a pas beaucoup de temps.

Ils fouillèrent le parking avant d'entrer, mais ne trouvèrent aucune camionnette. Quand ils franchirent le seuil, ils montrèrent leurs papiers au videur puis commandèrent à boire. Sid reconnut quelques personnes, mais il resta assis adossé au bar et laissa ses yeux errer à travers la pièce remplie de fumée.

Il s'était engueulé avec une des filles du Cowboy Roy quelques semaines auparavant et n'était pas revenu depuis. Il espérait bien ne pas la voir. Il n'avait pas besoin de ce genre de cinéma.

Johnny commanda une bière, puis en tendit une à Sid.

— À quoi il ressemble, encore, ton bonhomme?

— Genre normal, Johnny. Un peu plus grand que toi, plutôt enveloppé. (Sid toisa Sans Couilles.) Putain, c'est à toi qu'il ressemble, maintenant que j'y pense.

Sans Couilles se laissa tomber sur le tabouret. Il avait l'estomac sens dessus dessous. Un instant il se croyait milliardaire, l'instant d'après il réalisait qu'il ne l'était pas. Et il avait eu un putain d'accident de bagnole.

— Écoute, tout va bien se passer, lui assura Sid. Johnny, on va le trouver, ce branleur, je te jure. Je suis venu ici plein de fois. Il est toujours assis là-bas avec un autre gros lard. (Sid se retourna vers Johnny.) Si ces enculés nous ont pris notre fric, on le saura vite.

Plus Sid regardait la foule, plus il se rappelait des choses sur cet endroit. Il y a peu de choses qui échappaient à un type comme lui. Il savait qui était Big Tony. Qu'il avait passé du temps en taule et qu'il devait connaître deux ou trois types bien placés. Sid n'était pas sûr de son degré d'implication, mais il savait que c'était un voleur invétéré. Cela signifiait que son copain dans l'ascenseur était également un voleur.

Cela signifiait qu'il y avait de grandes chances qu'ils aient l'argent.

Le portier passa et Sid l'arrêta. Il cherchait quelques-uns de ses potes, l'autre les avait peut-être vus? Sid désigna la table en disant:

— D'habitude, ils sont assis là-bas.
Le videur haussa les épaules.
— J'sais pas. Les gens vont et viennent.
Sid se pencha en avant et dit au portier :
— Je suis à peu près sûr que l'un d'eux est un habitué.
— Écoute, mon pote, j'sais pas quoi te dire. T'as une photo du mec ? Y ressemble à quoi ?
— C'est un gros. Ils sont tous les deux gros, en fait. (Sid leva deux doigts.) Y en a un qui lui ressemble.
Il désigna Sans Couilles.
— Cherche, c'est plein de gros, ici, répondit le videur.
Puis il disparut dans l'arrière-salle.
— Quel sale con, se plaignit Sid.
— Oh, il a raison.
Sans Couilles consulta sa montre.
— La nuit est encore jeune, Johnny. On a tout notre temps.
— Ouais, Sid, c'est juste que je m'inquiète un peu. Parker a pas encore appelé.
Sid conseilla à Sans Couilles de se détendre.
— Si j'étais toi je m'en ferais pas. Merde, il doit même pas encore être au courant.
Sans Couilles dit à Sid qu'un type savait forcément qu'un truc n'allait pas quand il trouvait un étron sur son oreiller. Sans Couilles estimait pour sa part qu'il l'aurait deviné instinctivement.
Un type vêtu d'une chemise bien trop moulante se pencha en arrière sur son tabouret et fit signe à Sid de s'approcher.
— C'est un de tes prétendus copains qui a fait ça.
Il désigna son visage amoché. Il avait la joue gauche noire, gonflée au maximum ; la peau autour de l'œil était

tendue et difforme. On aurait cru qu'elle allait exploser d'une minute à l'autre, aspergeant de pus quiconque se trouvait dans un rayon d'un mètre.

Sans Couilles contemplait la moustache restée intacte. Sans Couilles était attiré par cette pilosité, captivé par la force virile qui en émanait.

Sid fit un pas en avant et se pencha vers le type.

— Qu'est-ce que tu racontes, l'ami ? Qui t'a arrangé comme ça ?

— Il s'appelle Valentine. J'ai posé la question aux gens hier soir.

— Un gros ? demanda Sid. Un peu comme lui ?

Il désigna Sans Couilles.

Capitaine Moustache secoua la tête.

— Non, c'était un type bien foutu. Grand, avec un tas de muscles. Il m'a mis un coup en traître, le salaud.

Sid songea qu'il devait y avoir eu plusieurs coups en traître.

— T'as dit qu'il avait des amis ?

Le moustachu se leva, se retourna et l'éclairage cru illumina le renflement noueux de chair sur le côté de son visage. Comme si quelqu'un lui avait entaillé la joue pour insérer une balle de tennis sous la peau. Il montra l'autre bout du bar, sa rétine décollée flottant comme un œil fou.

— Ils étaient trois, assis là-bas. C'était peut-être les deux autres que tu cherches.

Sid le remercia et dit à la pouffe qui servait au bar d'offrir au moustachu une bouteille sympa. Il jeta un billet de dix sur le comptoir, dit à Sans Couilles de se bouger et ils sortirent.

À l'extérieur, le vent les assaillit de rafales froides et perverses. En démarrant la Lexus, Sid se plaignit à nouveau des dégâts subis dans l'accident. Il mit le chauffage des sièges au maximum et regarda Sans Couilles.

— Je le connais, ce Valentine. C'est un dur, crois-moi. J'ai entendu parler de lui. Il était flic, avant, mais c'était un poivrot. Il arrêtait pas de casser la gueule aux gens.

Il fit un geste de la main en direction de Sans Couilles, faisant allusion au type qu'ils venaient de voir au bar.

— Le type avec sa putain de grosse moustache ? demanda Johnny. C'est Valentine qui l'a mis dans cet état-là ?

Sid hocha la tête.

— Ouais. Si Valentine est dans le coup, il se laissera pas faire, Johnny.

— Alors on va le buter, ce fils de pute. On va tuer tous ces fils de pute, Sid. Parce que je veux mon putain de fric.

Sans Couilles avait la respiration lourde.

Sid pouvait voir qu'il était en train de flancher.

— Ouais, on pourrait bien en arriver là.

La Lexus émettait des bruits que Sid n'aurait pas crus possibles et qui devenaient plus sonores à mesure que la voiture prenait de la vitesse.

— J'aime pas ces bruits-là, lui dit Johnny.

— T'aurais dû me prévenir un peu avant, pour le camion, Sans Couilles.

— C'est vrai, j'ai oublié. Tout est toujours de ma faute.

— Putain, arrête de chialer, Johnny. Si on n'a pas le fric demain, y aura au moins trois cadavres pour montrer à celui qui a le fric qu'on rigole pas.

Le téléphone de Sid sonna alors que Sans Couilles acquiesçait d'un hochement de tête.

— C'est lui, Johnny.
— Valentine ?
— Putain, non. C'est Parker.

Il haussa les épaules, puis décrocha.

— Allô, patron.
— Sid, t'étais où, merde ?

Sid commença à répondre, mais Parker ne lui en laissa pas le temps.

— J'ai besoin de vous deux ici dès que vous pourrez.
— OK, patron, pas de souci.

Sid raccrocha et éteignit son portable.

Il dit à Sans Couilles que Parker voulait les voir tous les deux, maintenant. Il n'avait pas l'air content.

— Il a dû trouver le coffre ouvert, dit Sans Couilles. (C'était un véritable paquet de nerfs, il ne supportait pas le moindre stress.) Il est au courant, Sid !
— Il est au courant de que dalle.
— Non, je te dis qu'il sait. Fais-moi confiance, je sais qu'il sait.

Sid détacha sa main droite du volant et en frappa la poitrine de Johnny, l'attrapant par la chemise.

— Écoute, pauvre tache, il sait rien. Ces conneries--là, c'est juste dans ta tête, Johnny. (Sid se frappa la tempe avec un doigt.) C'est dans ta tête.

Sans Couilles baissa sa vitre et dit à Sid qu'il allait vomir.

Sid freina assez fort pour que Sans Couilles soit projeté en avant sur son siège.

– Pas dans ma putain de bagnole, Johnny.

Sans Couilles dégueula en plein vent avant que Sid ait pu s'arrêter et le siège passager fut couvert de vestiges du buffet mexicain.

— Non !

Sid observa la scène se dérouler au ralenti. Il fit tout ce qu'il pouvait faire ; il appuya sur le frein et poussa Sans Couilles plus près de la vitre.

— Espèce de fils de pute, hurla Sid.

À aucun moment, Sans Couilles ne dit qu'il était désolé.

L'ARGENT fut partagé en vitesse entre nous trois, entassés à l'arrière de la camionnette de Doyle. J'étais assis sur un rouleau de tapis, le dos contre un tas de panneaux magnétiques. Doyle les fixait à l'arrière de son véhicule selon le type de coup qu'il préparait. Doyle tentait de répartir l'argent aussi équitablement que possible quand le portable de Big Tony sonna. Il fut intrigué en reconnaissant le numéro du Cowboy Roy.

— Ouais ? répondit-il.

— Hé, Tony, c'est Flames, du club.

Big Tony fronça les sourcils, déçu que ce ne soit pas l'une des filles. Non que ce fût probable.

— Ouais, qu'est-ce que tu veux, mon pote ?

— Y a deux gars qui sont venus poser des questions sur toi et ton copain Doyle.

— *Quoi ?* demanda Big Tony. (Il se redressa et ôta le cigare de sa bouche.) C'était quand ?

— Tout à l'heure. Je pense qu'ils sont partis, maintenant. J'me suis dit qu'il valait mieux t'avertir.

Nous étions pétrifiés, Doyle et moi.

— Alors on me cherche ?

— Ouais, et après le connard à qui Valentine a filé un coup bas s'est mis à leur parler. J'sais pas ce qu'il leur a raconté.

Big Tony me regarda et je regardai Doyle, mais il jouait avec sa montre.

— Eh, le type, c'est un Anglais ? Il était avec un gros ?
— C'est ça.

Flames fut surpris que Big Tony soit déjà informé. Il dit que le copain de l'Anglais ressemblait beaucoup à Doyle. Qu'il avait pas vraiment remarqué avant que l'Anglais en parle.

Big Tony se pencha et passa la tête par la vitre, craignant soudain que nous soyons surveillés.

Les vitres arrière étaient lourdement teintées. Il faisait noir, il n'y avait pas grand-chose à voir, mais je regardai quand même. Je ne savais pas trop ce qui se disait au téléphone, mais les actions de Big Tony m'obligeaient à envisager la gravité potentielle de la situation.

Big Tony mordit dans son cigare et remercia Flames. Dit qu'il lui revaudrait ça.

Il referma son téléphone et le glissa dans sa poche, puis il leva les yeux.

— Bon, ça commence.

Doyle continua à ranger de l'argent dans les sacs. Je sentais mes joues chauffées à blanc par l'agitation nerveuse.

— C'était Flames, de la boîte. Il dit que ces enculés sont venus nous chercher, toi et moi.

Doyle s'interrompit une seconde, mais ce ne fut qu'une pause, après quoi il se remit à remplir de grands sacs-poubelle avec des petits sacs d'argent volé tout en marmonnant des chiffres.

J'avais terriblement besoin d'un verre, mais il était hors de question que je sorte de la camionnette avant que cette affaire soit réglée. Mon .45 était au bureau, mais j'avais encore le fusil dans la Vic. Sans parler de la tronçonneuse.

— Alors on fait quoi ? demanda Doyle.
Je leur dis :
— Vous deux, vous avez besoin de vous trouver une combine, et vite. Si j'étais vous, je filerais tout de suite. Sans repasser par chez moi, je prendrais la route, direct.

Big Tony me lança un regard disant qu'il n'en avait pas fini avec les mauvaises nouvelles.
— Ils te cherchent aussi, Valentine.
— Ah ouais ? C'est ton pote le videur qui t'a dit ça ? (Tout ça ne me plaisait guère. Il était impossible qu'ils connaissent mon nom.) Cet enfoiré avec son tatouage de flammes m'a balancé ?
— Non, c'est l'autre enfoiré avec sa moustache de quinze kilos.
— Qu… ?

Mais alors ça me revint. Ce connard avec ses bacchantes XXL, celui qui m'avait cherché des poux dans la tête.
— Il a pas dû apprécier de se prendre un coup bas, me rappela Big Tony.

Je dis à Big Tony que je trouvais sa remarque insultante et lui assurai que je n'avais rien fait de tel. J'avais des réflexes vifs comme l'éclair et me battais en usant d'une stratégie classique sur le champ de bataille. Il n'y avait rien de mal à ça.
— Enfin, maintenant ils connaissent ton nom. Apparemment, ils connaissent nos noms à tous les trois.

Doyle semblait indifférent à tout ce qui l'entourait. Nous étions tous les trois brinquebalés sur des montagnes russes d'émotions, mais Doyle tenait parfaitement le coup sous la pression.
— Bon, les options sont simples, dis-je. Soit on quitte la ville, soit on retrouve Sid l'Angliche et son associé et

on les tue. Ou bien on attend qu'ils nous trouvent et qu'ils en fassent autant.

— Je serai parti avant que le soleil se lève, dit Doyle. (Pour la première fois, il releva la tête et sourit.) J'ai attendu toute ma vie un coup pareil, les gars. Je vais pas tout foutre en l'air en m'incrustant ici et en me faisant descendre.

— Je suis avec toi, dit Big Tony. Foutons le camp d'ici, bordel.

Ils me regardèrent tous deux et je leur dis que j'étais entièrement avec eux, même si je doutais fort que ce fût vrai. Je ne pouvais pas quitter la ville, il fallait que je voie le bout de cette histoire. Pas tant pour moi, mais pour le commissaire. Il était proche de mon père et il avait toujours veillé sur moi. Surtout après la mort de mon vieux.

Le commissaire Caraway et sa femme étaient la famille que je n'avais jamais eue. J'avais passé beaucoup de Noëls avec eux. Ils avaient assisté à ma cérémonie de remise de diplôme à la fin du lycée, le commissaire m'avait acheté mon premier costume. Ils voyaient en moi des qualités que je n'avais jamais vues.

Doyle me remit un sac-poubelle rempli d'argent. Il me dit de ne pas m'inquiéter de son poids. Il avait doublé le sac, au cas où.

Je les regardai tous deux dans les yeux et leur serrai la main. Je leur dis d'avoir toujours un œil dans le dos et de mener la belle vie. Je leur souhaitai toute la chance possible tandis que je sortais par le côté de la camionnette avec l'espoir que je n'allais pas m'exposer à une fusillade.

Big Tony referma la portière derrière moi. Je rejoignis la Vic et déposai mon sac dans le coffre. La neige s'était réduite à quelques flocons dérivant à travers le parking, emportés Dieu sait où par le vent.

Je m'assis au volant et démarrai le moteur. J'écoutai le véhicule se réveiller, puis j'enroulai ma main droite autour de la bouteille de Stoli et la rapprochai de moi. Je jetai un coup d'œil au calibre .12 à pompe ; chargé, armé et prêt à décimer n'importe quel connard qui aurait la malchance de se trouver placé devant.

Je penchai le goulot de la bouteille dans mon gobelet et comptai lentement jusqu'à huit. Le vent plaquait de puissantes rafales contre la voiture et les essuie-glaces promenaient les blocs de glace dure qui s'étaient accumulés pendant le peu de temps qu'il m'avait fallu pour obtenir un sac-poubelle rempli d'argent et une condamnation à mort.

Je ne savais pas trop qui savait quoi, mais la seule chose dont j'étais sûr, c'était qu'il n'y aurait pas de retour en arrière. J'étais impliqué. Et le poids du monde m'écrasait comme un marteau de dix tonnes enveloppé dans du fil de fer barbelé.

La vodka se répandit dans ma bouche avec un soupçon d'airelle diluée lorsque je mis en marche la Vic. Je quittai le Tilted Kilt avec un nouveau verre et environ trois cent mille dollars dans le coffre de ma voiture. J'écoutai des chants de Noël à la radio tout en sirotant un cocktail et en tâchant de calmer mes nerfs.

Le feu passa à l'orange. J'appuyai lentement sur la pédale de frein pour arrêter doucement la Vic à côté d'un camion de salage. Quand je portai le gobelet à mes lèvres, je vis une voiture dans le rétroviseur. Deux types m'observaient.

Je scrutai les deux voies et enfonçai l'accélérateur assez pour décoller du sol, mais pas au point de faire tourner les pneus plus que nécessaire. Je brûlai le feu rouge à toute allure, pris la première à droite pour rejoindre l'Interstate 270, et fis de mon mieux pour me perdre dans la circulation. Je contrôlai ma vitesse et veillai à ne pas renverser ma boisson.

Quand je fus convaincu de ne plus être suivi, je repassai tout le film dans ma tête. Ça ne ressemblait pas à la première fois. Je ne pouvais plus distinguer ce qui était vrai. Tout était mélangé dans la perception confuse d'une réalité ivre et chimiquement modifiée.

Une chose était certaine : ça faisait du bien d'avoir un fusil à portée de main.

Ma route s'étendait devant moi. Pour autant que je sache, il n'y avait personne derrière moi. Il n'y avait peut-être jamais eu personne.

Je pris la sortie, puis fis le long trajet qui me ramenait chez moi. Je finis mon verre et me garai sur le parking d'un magasin de guitares appelé Hornor's. Je laissai la Vic près d'une congère et coupai les phares. Mes doigts faisaient des claquettes sur la crosse du fusil pendant que j'attendais afin de m'assurer que je n'étais pas suivi. Je ne voulais pas de surprises en rentrant au bureau. Je ne voulais pas qu'une voiture déboule derrière moi pendant que j'extrayais du coffre un sac-poubelle plein d'argent volé, un calibre .12 à canon court à la main.

Une fois avéré que ma réaction était excessive, je repris Blackmore Road et parcourus les derniers kilomètres me séparant du bureau. Je me rappelai que j'étais à court de bouffe pour chien. Putain, Frank. Quand ce n'était pas une emmerde, c'en était une autre.

Je passai devant le bureau et remarquai une lampe allumée, mais je ne me souvenais pas si c'était moi qui l'avais laissée ainsi. Dans les mauvais quartiers de la ville, on essaie toujours de donner l'impression qu'on est chez soi, même quand on n'y est pas.

Je ne voulais prendre aucun risque.

Je m'engageai dans l'allée et laissai le moteur tourner, chauffage allumé. Je pris une bonne rasade de Stoli, ouvris le coffre, pris le fusil et jetai la bouteille sur le siège. Puis je saisis le sac-poubelle aux trois cent mille dollars et je marchai jusqu'à l'escalier, examinant l'allée obscure pour y détecter d'éventuelles menaces. Le seul son audible était le bruit de fond d'une grande ville enterrée sous trente centimètres de neige et de glace.

Je montai les marches une par une, ma paume enlaçant la poignée du fusil, mon doigt marié à la détente. Je pouvais lever le canon et envoyer n'importe qui en enfer si on m'attendait en haut de l'escalier. Mais lorsque j'arrivai sur mon palier, rien d'autre ne m'attendait que l'odeur de renfermé du vieux bâtiment qui accueillait mon retour.

Je glissai la clef dans la serrure et ouvris la porte avec le pied. Frank dansait, grognait et courait autour de la pièce, comme d'habitude. Il sauta sur le canapé, puis redescendit à terre. Filant vers mon bureau, il se mit à tourner autour des caisses que j'avais empilées au hasard.

Je jetai le sac à terre et contemplai la pièce. Elle était exactement comme je me rappelais l'avoir quittée. Rien n'avait changé.

Frank sautillait sur mon pied, rebondissait et aboyait. À ma gauche je vis un vieux numéro du magazine *People* avec David Hasselhoff sur la couverture. À un moment, Frank décida de déposer une crotte sur la poitrine dénudée du héros d'*Alerte à Malibu*.

— Beau travail, dis-je à Frank.

Puis je me dirigeai vers mon bureau et tirai une bouteille de Strawberry Hill du mini-frigo. Je m'installai dans mon fauteuil et posai le fusil sur le bureau. Quand j'ouvris mon tiroir pour prendre le calibre .45, Frank arriva en courant. Il croyait que c'était l'heure de la soupe.

Je lui présentai mes excuses, puis je saisis dans le frigo quelques restes de Whitey's et les lui lançai sur le sol. Frank grogna, aboya, éternua et décampa. Il prit le premier hamburger entre ses dents et le traîna jusqu'à son endroit habituel.

J'ouvris une Corona pour faire descendre le vin.

Je regardai la poubelle, puis les deux armes sur mon bureau. Puis je vérifiai la porte. Je m'aperçus que je conserverais probablement cette attitude prudente jusqu'à ce que Sid l'Angliche et ses amis soient morts. Je me renfonçai dans mon fauteuil et pris une douce gorgée de vin. Je la baladai dans ma bouche, savourant son faible prix et son haut degré d'alcool.

Frank revint vers moi et bondit sur mes genoux, atterrissant sur mes couilles comme à son ordinaire. Je me redressai brusquement et l'engueulai un bon coup pour son manque de considération, puis il sauta pour me lécher le visage et la bouche. Je le repoussai et il tomba par terre, mais il revint aussitôt à la charge. Je lui frottai la tête et lui dis que j'aimais son style. Je remis une bouteille de vin à moitié vide dans le frigo, pris les deux armes, puis je me dirigeai vers le canapé et écrasai comme une masse pendant dix heures.

Ils arrivèrent à l'Indigo dans la Lexus abîmée qu'on entendait à un kilomètre. Pendant tout le trajet, Sid obligea Sans Couilles à rouler la vitre baissée pour chasser l'odeur putride.

Il redit à Johnny de rester cool. Si Parker avait voulu leur mort, il ne les aurait sûrement pas fait venir chez lui pour ça. Johnny finit par se détendre. Il savait que Sid avait raison, mais il se sentait encore comme une merde et puait le vomi.

Lorsqu'ils frappèrent à la porte, ils étaient nerveux et tendus, mais Parker ouvrit immédiatement et les mit à l'aise. Il portait un pantalon de survêtement. Son visage était bulbeux et écarlate. Sid ne pouvait pas déterminer s'il avait beaucoup bu ou beaucoup pleuré.

Lorsqu'ils furent à l'intérieur, il les regarda tous deux dans les yeux et leur dit pourquoi il les avait appelés si tard.

— Je me suis fait attaquer, hier soir.

Son visage ne trahissait aucune réaction, mais Sid voyait que Parker luttait pour se maîtriser. Le muscle de sa mâchoire s'agitait sur le côté de son visage comme une palourde au contact de charbons ardents.

— *Attaquer ?*

Sid imitait très bien la stupeur.

Parker hocha la tête, puis il alla au bar se servir un verre de bourbon et un autre pour chacun de ses hommes.

— Un fils de pute a fracturé mon coffre. M'a volé tout le liquide et des bijoux. Ce salaud a même pris un des godes de Cathy.

Sans Couilles gloussa tout bas.

Parker regardait dans le vide. Ils ne l'avaient jamais vu aussi émotif et sans défense. Parker était aussi distant que toujours et il s'efforçait de rester un tant soit peu concentré. Il but une gorgée, déglutit et dit :

— Il a même chié sur mon oreiller, le fils de pute.

Impossible de dissimuler la violation dont son domaine avait fait l'objet.

— Putain, ils ont chié sur votre oreiller, patron ?

Sid méritait un Oscar pour sa performance d'acteur, mais Johnny était nul sur tous les plans. Parker vacilla, puis dit :

— Je crois que quelqu'un s'est essuyé le cul sur ma taie d'oreiller, les gars.

Il hocha la tête, apparemment d'accord avec lui-même, puis il posa son verre sur le bar. Il leva les yeux vers Sans Couilles, vers son teint blanc et pâteux. Le corps de Sans Couilles semblait s'être vidé de tout son sang.

Parker crut voir un haricot sur l'épaule de Johnny. Il finit par l'examiner de plus près et son visage prit l'expression d'un sergent instructeur.

— Bon Dieu, Johnny, tu sens plus mauvais qu'une valise pleine de crottin de licorne. (Il se rapprocha pour l'inspecter.) Putain, c'est du vomi sur ta chemise ?

Le vieux Parker était soudain de retour, humiliant Sans Couilles, mais à juste titre.

Parker regarda Sid.

— Bordel, qu'est-ce qui va pas chez ce type ?

Sid haussa les épaules.

— Intoxication alimentaire par buffet mexicain malintentionné.

Sans Couilles restait muet.

Parker dit à Sans Couilles de filer au bout du couloir s'asperger le visage d'eau froide. De fumer une clope. De faire quelque chose pour aller mieux. Qu'il se sentirait un autre homme, il pouvait l'en croire.

Sans Couilles dit *OK*. Il partit dans le couloir et passa devant le placard qui avait autrefois abrité une fortune lui ayant presque appartenu. Il trouva la salle de bains, baissa le visage vers le robinet. Il s'envoya poignée après poignée d'eau froide dans les yeux. Il se releva, regarda dans le miroir l'eau lui ruisseler sur le nez et tomber sur le lavabo. Il se demanda à quoi il ressemblerait s'il se laissait pousser une de ces moustaches de cow-boy.

Quand il revint dans le salon, Parker remplissait à nouveau leurs verres. Sid demanda à Johnny si tout allait bien. Johnny répondit qu'il était en pleine forme.

— Cathy m'a quitté pour un autre homme, bafouilla tout à coup Parker. (Il chercha du regard le soutien de ses gars.) J'imagine que j'aurais dû le voir venir.

Sid et Sans Couilles se regardèrent sans savoir que dire.

— On s'entendait bien, je croyais.

Parker laissa son regard s'égarer, distrait.

Sid termina son verre, s'en versa un autre. Il prit son verre des mains de Parker pour le lui remplir.

— Désolé d'apprendre la nouvelle, pour vous et votre dame, proposa Sid.

— Ouais, désolé, patron, ajouta Sans Couilles d'une voix traînante.

— Quand je l'ai accusée de baiser tous les mecs, elle est partie comme une furie. Elle a dit que c'était peut-être vrai, peut-être pas.

Sid tendit son verre au patron. Parker leva les yeux et le remercia.

Sid regarda Johnny et haussa les épaules.

— J'imagine que vous avez pas encore appelé les flics ? demanda Sid.

M. Parker répondit à Sid que, *putain, non,* il n'avait pas appelé les flics.

— C'est vous que j'ai appelés. Je veux que vous mettiez la main sur cet enculé pour lui trancher la tête.

Sid fut abasourdi, Parker ne formulait jamais de menaces directes ; il était toujours parano, avec sa peur d'être enregistré.

Sans Couilles lança :

— Alors vous êtes en train de dire que vous savez qui a fait le coup, patron ?

— Putain oui, que je le sais.

Pendant une fraction de seconde, Sans Couilles crut que son espérance de vie dépendait fortement de la prochaine phrase de Parker. Il se retourna pour être sûr qu'aucun connard n'était en train d'arriver discrètement par-derrière, muni d'une corde de piano.

— C'est le gardien, cet enculé de la caisse de crédit.

Parker fronça les sourcils en comprenant qu'il venait de prononcer ces mots, en révélant plus qu'il ne voulait. Maintenant, il allait devoir finir l'histoire et en dire à ses deux fidèles employés plus qu'il n'avait jamais voulu leur faire savoir.

— La caisse de crédit ? demanda Sid, réellement surpris pour la première fois depuis leur arrivée.

M. Parker hocha la tête, vida son verre d'un trait. Cette fois, Sans Couilles le lui prit pour le remplir. Ils avaient besoin de saouler le patron.

— C'est lui qui nous a rancardés, poursuivit Parker. Il nous a donné les plans. Il nous a parlé des paquets de sécurité et de ce banquier, celui que Bruiser et l'autre junkie ont buté. Il fallait se débarrasser de ce connard avant qu'il installe les paquets de sécurité. On savait qu'on avait une occasion d'avoir de l'argent propre, sans risque de paquets de sécurité, tant qu'il ne se présentait pas à son boulot.

Sans Couilles lui tendit son verre. Il le prit, le porta à ses lèvres et dit :

— Pourquoi tout est parti en couille comme ça ?

Sid aimait le tour que prenait leur conversation. Plus Parker parlait, plus grandes lui semblaient leurs chances de survie.

— Si tout ça faisait partie du plan, pourquoi le gardien a tiré une balle dans le dos de Bruiser ? demanda Sid.

— Qu'est-ce que j'en sais, hurla Parker. Ça fait deux jours que j'essaie de comprendre ce merdier.

— Alors comment vous savez que c'est le gardien qui vous a volé ?

Parker plaqua son verre sur le bar, qui fut éclaboussé par l'alcool.

— Enfin, c'est évident ! Il la baise, cette pute. Je lui ai tout donné et elle veut me quitter pour un enfoiré de flic à louer. Elle lui file la clef de chez moi, la combinaison de mon coffre. Elle le laisse prendre ce qu'il veut, et après il chie sur mon putain d'oreiller !

Parker prit son verre et le jeta à travers la pièce, où il se fracassa contre un mur.

Sid comprit que c'était leur chance de tout arranger. De laisser Parker croire que le gardien l'avait volé et avait chié sur son lit.

— Allez, asseyez-vous, patron. (Sid l'installa sur le canapé.) Il faut vous calmer, Joe. Johnny et moi, on est là pour vous. On est votre famille.

M. Parker leva les yeux vers le visage de Sid ; sa lèvre inférieure dépassait légèrement. Il le remercia, une main sur l'épaule.

— C'est vraiment sympa, les gars.

Sid et Johnny répondirent que c'était normal, que c'était le moins qu'ils puissent faire. Puis M. Parker ordonna à Sans Couilles d'aller nettoyer la merde sur son matelas et de jeter les draps à la poubelle.

Sans Couilles était parti se rechercher à boire, mais les mots de Parker l'arrêtèrent net.

Sid se dépêcha de croiser son regard, il indiqua d'un air sévère à Sans Couilles de ne pas tout foutre en l'air.

Avec une grande réticence, Sans Couilles alla dans la chambre de M. Parker et roula les draps en boule. Il fouilla dans quelques tiroirs et renifla deux petites culottes de Cathy qu'il trouva dans le panier à linge.

Quand il revint dans le salon, Parker dormait sur le canapé et Sid buvait tout seul. Il dit à Sans Couilles qu'ils devaient aller voir ce gardien.

— Maintenant ?

Sid dit *oui*.

Lorsque Sid ouvrit la portière de sa Lexus, il fut suffoqué par l'odeur rance de tacos régurgités sur ses beaux sièges en cuir. Il laissa Sans Couilles dehors dans le froid pendant qu'il aspergeait le siège d'eau de Cologne coûteuse. Quand Sans Couilles monta, il dit que la voiture sentait le parfum Kenneth Cole et le vomi.

— Je veux pas en entendre parler, Sans Couilles.

Ils sortirent du garage dans la Lexus amochée et prirent leur temps pour se rendre dans le South County.

— Parker m'a tout raconté sur ce mec pendant que tu nettoyais tes crottes, Johnny.

Sans Couilles regarda Sid.

— Va te faire foutre.

— Parker dit que ce gardien lui doit plein de fric et que c'est lui qui a d'abord proposé de braquer la banque.

— La caisse de crédit, rectifia Sans Couilles.

— Putain, c'est la même chose, Johnny. T'es avec moi ?

— Bien sûr que je suis avec toi, Sid.

Sid fit un grand sourire.

— Je t'avais dit que tout s'arrangerait, pas vrai, mon vieux pote ?

— Ouais, ben y a rien d'arrangé, lui rappela Sans Couilles.

— Pas encore, mais c'est bien parti. Et puis on va se faire l'enfoiré qui a dézingué Bruiser.

Sans Couilles répondit que ça lui était égal, qu'il n'avait jamais aimé ce connard.

— Personne l'aimait.

La Lexus était plus bruyante que jamais, mais Sid assura à Sans Couilles que tout allait bien. Ils allaient bientôt retrouver le fric et il s'en achèterait une autre.

— Ouais, mais si on retrouve pas le fric ?

— On va le trouver, Johnny. Je te promets.

Sans Couilles dit à Sid qu'il avait une idée qui allait tout arranger et Sid lui répondit qu'il était impatient de l'entendre.

— On va voir le gardien, on le démolit tout comme il faut. On dit à Parker qu'on l'a fait parler, que tout ce qu'il voulait, ce gardien, c'était tuer Bruiser et passer pour un héros. Que c'est Bruiser qui baisait sa bonne femme. On lui dit que c'était *lui* qui la tringlait.

Sid fronça les sourcils.

— Tu penses qu'on devrait dire à Parker que Bruiser tringlait sa bonne femme ?

— Fais-moi confiance, Sid, ça marchera.

Sid se tourna vers Sans Couilles, la bouche ouverte, et dit :

— Donc, pour être clair, tu veux qu'on dise à Parker que le gardien qui lui devait de l'argent a monté tout ce truc juste pour tuer Bruiser ? Que Bruiser tringlait sa bonne femme et que le garde voulait l'impressionner, elle ? C'est ça que tu veux qu'on dise au patron, Johnny ?

— Quelque chose dans ce goût-là. Il voulait être un héros et éliminer la concurrence en même temps.

Sid était stupéfait.

— Ça marchera pas.

— Et pourquoi ?
— Pourquoi ? Réfléchis, Johnny. Et sa putain de bonne femme ? Elle finira bien par dire qu'elle se faisait tringler ni par l'un ni par l'autre.

Sans Couilles haussa les épaules et avoua qu'il n'y avait pas pensé.

— On la tuera aussi.

Sid leva les mains au ciel d'un geste théâtral.

— Ben voyons ! T'as complètement pété les plombs, moi je dis. On peut pas tuer tout le monde, mon pote.

Ils roulèrent dans un silence seulement rompu par le bruit du pare-chocs frottant contre un pneu arrière.

Sid s'anima.

— Et si on accusait ce type, Valentine ? On dit que le gardien mijotait un truc avec lui. On s'arrange pour faire comme s'ils étaient à deux dans le coup. T'en dis quoi ?

Lorsque j'ouvris les yeux, Frank se tenait sur ma poitrine, me léchant les lèvres avec sa minuscule langue de yorkshire. Je le repoussai instinctivement et le petit salaud jappa après moi. Je me rappelai tout à coup la veille au soir. Je regardai le fusil à côté du canapé ; le calibre .45 était là aussi.

Frank continuait à aboyer et je lui demandai quel était son problème.

Le téléphone sonna alors que je venais de me lever pour regarder par la fenêtre les rues couvertes de glace en contrebas. Je me penchai par-dessus mon bureau et décrochai.

— Nick Valentine, détective privé.

C'était le commissaire Caraway. Il dit qu'il m'appelait depuis plusieurs heures. Il voulut savoir où j'avais passé la matinée.

Je baissai les yeux vers la trique matinale qui pointait à travers un trou de mon caleçon et je dis au commissaire que j'avais collecté des informations, suivi quelques pistes. Je lui dis que j'étais à l'écoute de la rue et il me demanda ce que j'avais découvert.

— Attendez une minute. J'ai noté un numéro d'immatriculation quelque part.

Je fouillai dans une pile de vêtements à terre jusqu'à ce que je retrouve le numéro, puis le lui lus. Je lui dis qu'à mon avis ça pouvait être celui de la camionnette avec laquelle ils avaient pris la fuite.

— Bon boulot, Nick.

Je le remerciai. L'assurai que je m'étais cassé le cul, mais que je ne faisais que mon devoir.

— J'ai besoin de toi ici dès que tu pourras, Nick.

Je consultai l'horloge. Les piles étaient mortes, encore une fois. Il faudrait que je demande à Doyle de me procurer une montre.

Je hochai la tête, dis au commissaire que je me mettais en route, puis je saisis quelques hamburgers dans le frigo et partis accomplir le rituel de la pisse matinale. Frank aboya pendant tout ce temps.

Quand j'arrivai au commissariat, Ron m'attendait dans sa voiture.

Je lui demandai comment il allait.

Il répondit qu'il allait bien et me dit de monter à côté de lui.

— On a un homicide à aller voir.
— Un homicide?
— Je vous expliquerai en chemin.

Je mis le levier de vitesse en position de stationnement et disposai un blouson par-dessus le fusil. Juste au cas où quelqu'un aurait envie d'y fourrer son nez. Néanmoins, je ne pouvais imaginer endroit plus tranquille pour un sac plein d'argent volé que le coffre d'une ex-voiture de police devant un commissariat.

Quand je m'assis sur le siège passager de sa voiture, je pénétrai dans une brume de fumée de cigarette tellement impénétrable que je crus que j'allais devoir aller chercher ma tronçonneuse pour me frayer un chemin jusqu'à Ron l'Amish. Je lui ordonnai de baisser sa vitre et il rit.

Ron exhala et me demanda si j'étais sûr de ne pas vouloir une cigarette.

Je lui dis *non, merci*. Mais si je choisissais de reprendre cette horrible habitude, ce ne serait certainement pas avec une de ces foutues Winston.

— Eh, qu'est-ce que vous avez contre les Winston ?

— En dehors du fait qu'elles ont le même goût que le trou du cul d'un clochard ? Rien.

L'Amish éclata de rire. Dit qu'elle était bien bonne. Il me questionna sur le numéro de plaque d'immatriculation que j'avais communiqué au commissaire.

— Je l'ai déniché grâce à une source, dis-je.

Il hocha la tête.

— J'ai hâte qu'on arrête ces gars.

Dans d'autres circonstances, j'aurais applaudi ce genre d'assurance, mais sa déclaration confirmait ce que je soupçonnais déjà. Il ne renoncerait pas facilement.

— Heureux d'apprendre que vous êtes sûr de vous.

Il haussa les épaules.

— Toute cette histoire de banque n'est qu'un grand bordel aux proportions épiques, Valentine.

Je levai un sourcil, pour l'encourager à poursuivre.

— Le gardien ? Il est mort.

J'en restai sur le cul.

— Mort ?

Ron l'Amish roulait si lentement que j'envisageai de sauter en marche pour courir jusqu'à la scène de crime. Je jetai un coup d'œil au compteur.

— Je roule trop lentement pour vous, Nick ?
— Non, personnellement j'adore rouler à 60.
— Je déteste cette putain de neige, dit Ron. J'évite de conduire par ce temps-là quand je peux.
— C'est vrai, vous êtes pas habitué. Votre première voiture, c'était une carriole à cheval.

Ron regarda le plafond et rit très fort. Il me dit qu'il savait que j'allais tôt ou tard lui sortir une blague sur les chevaux.

Je lui demandai s'il regrettait tout ça.

— Quoi ? Me casser le cul pour pas un rond ? Ne pas avoir l'électricité ? Qu'est-ce qu'il y a à regretter ?

Je ne pouvais pas contester cette logique. Être Amish exigeait apparemment beaucoup de travail.

Il prit l'autoroute et passa à 85 km/h. Assez lentement pour qu'un bus scolaire nous dépasse. Je l'interrogeai au sujet du gardien.

Il dit qu'il n'y avait pas grand-chose à savoir. Le type s'appelait Jason Baker. Il me demanda si ce nom me rappelait quoi que ce soit.

Je dis à Ron que je n'en avais jamais entendu parler tandis que je triais les détails dans ma tête.

— Entendons-nous bien, commençai-je. D'abord, ce type, Norman Russo, se fait... Quoi, assassiner ? Nous savons qu'il ne s'est pas tué, d'accord ?

Ron hocha la tête.

— Et maintenant le gardien qui meurt le lendemain ?
— Exactement, compléta Ron. Quelqu'un est en train de faire le ménage, de mettre de l'ordre.

— Mais pourquoi le gardien ? Des représailles ? Vous pensez que ça énerve quelqu'un, qu'il ait tué un des mecs de la bande ? Parce que je serais ravi si c'était mon équipe.

Ron haussa les épaules. Dit "Peut-être". Il me demanda de préciser ma pensée.

— Eh bien, le gardien était peut-être l'homme de l'intérieur. (Je dis à Ron de suivre mon raisonnement.) Le gardien met une balle dans le dos à l'un d'entre eux. Ça fait un de moins pour le partage. Et ensuite, celui qui a monté l'affaire abat le chauffeur *et* le gardien. Le survivant gagne trois fois plus et ça élimine des témoins.

Ron sortit une Winston du paquet et se la coinça dans la bouche.

— C'est pas bête.

— Ça pourrait aussi expliquer la lettre d'adieu. Le gardien parle au banquier, il sait que ce type vit un divorce difficile, il veut juste garder son patrimoine.

Ron m'avait déjà devancé.

— Donc il répète ça au débile qui a écrit le mot, mais le type qui met ça noir sur blanc est trop con et il fait tout foirer.

Je me représentai le junkie trop con qui faisait tout foirer.

Je savais que Bruiser était mort. Je supposais que le junkie était mort. Maintenant le gardien était mort. Parker avait conçu ce coup avec des objectifs grandioses, mais il n'avait pas prévu que Bruiser se prendrait dans le dos une balle qui ressortirait par la poitrine. Il ne s'était pas donné le mal de fignoler et il savait que la police n'était pas bête. Il savait qu'elle ne croirait pas au suicide, mais le temps qu'elle comprenne tout, il serait trop tard. De toute façon, il aurait supprimé le junkie et Bruiser avec. Ces gars-là étaient jetables.

Les bruits de la route remplissaient la voiture, et quelque chose sur l'autoroute vibrait tous les cinq cents mètres, je le sentais dans mes pieds.

— Il y a quelque chose que vous ne me dites pas ? demandai-je.

Il hocha la tête et alluma sa cigarette, me dit qu'il y avait une chose que je devais savoir.

— C'est quoi ?

Il prit une longue bouffée, se rappelant de baisser la vitre.

— Les paquets de sécurité, dit Ron en exhalant la fumée. C'est le détail qui fait tenir tout ensemble.

— Les paquets de sécurité de la banque ?

Doyle y avait-il fait allusion ? Pas moyen de me souvenir.

— Norman Russo ramassait les paquets de sécurité tous les soirs et les enfermait dans un coffre de son bureau. Le coffre a une combinaison, mais il était le seul à la connaître. Tous les matins, il les ressortait.

Je dis à Ron que je ne savais pas grand-chose des banques, sauf que je ne leur faisais pas confiance.

Il dit qu'il ne savait pas non plus grand-chose des banques, mais il en savait un peu plus sur les paquets de sécurité.

— Les employés des guichets les ont sous la main. En cas de hold-up, ils les glissent avec l'argent. Quand vous franchissez la porte, un signal à distance les déclenche.

— Et là, vous êtes bien dans la merde, dis-je.

— Ouais, vous êtes dans la merde. Mais en théorie, si vous commencez par éliminer la possibilité qu'il y ait des paquets de sécurité, vous avez de grandes chances de vous en tirer.

— À condition que le gardien ne vous mette pas de pruneaux dans le dos.

— Oui, c'est vrai.

— Celui qui a braqué la banque savait que Norman Russo sortait les paquets de sécurité tous les matins. (Je m'interrompis.) Seul quelqu'un qui connaissait leurs habitudes pouvait savoir ça.

— Quelqu'un comme le gardien.

À nous deux, nous avions échafaudé une hypothèse qui tenait. Le reste du trajet se déroula avec le bruit de l'autoroute comme troisième compagnon.

Nous quittâmes l'Interstate 44 pour nous élancer dans le South County, un quartier bourgeois avec ses maisons-ranchs typiques. Nous tournâmes dans une impasse et je vis que deux voitures de patrouille et un panier à salade étaient garés devant la dernière maison sur la gauche. La scène était familière pour nous deux. Ron s'arrêta au coin et alluma sa cigarette. Il me demanda si j'étais prêt.

Quand je sortis de la voiture, l'air frais me ragaillardit. J'empestais la cigarette, l'odeur me recouvrait d'un nuage de puanteur.

Je le suivis dans la maison, le regardai donner quelques poignées de main. Personne ne me dit grand-chose, ce qui était très bien. Je préfère comme ça.

Ron s'approcha d'un grand policier noir au corps mince qui nous remit à chacun une paire de gants en latex et il demanda :

— Alors, il est dans quel état ?

— Ils l'ont salement arrangé, Ron.

L'inspecteur Beachy franchit le seuil et s'exclama :

— Oh putain !

Mais avec sa pointe d'accent de Pennsylvanie, cela sonna plus comme *Piutin*.

Je le suivis, m'attendant à une scène comparable à celle de chez Norman Russo, mais ce n'est pas ce que je trouvai.

— Où sont ses pieds ? voulut savoir Ron.

— Où sont ses mains ? demandai-je.

Le policier s'adossa au mur pour nous laisser passer.

Ron le regarda et dit :

— Eh bien, Clarence, j'imagine que quelqu'un devait lui en vouloir.

— Ouh, c'est vraiment *dégueulasse*. Regardez ce qu'ils ont fait à sa tête, ces salauds.

Le corps démembré de la victime était entassé dans un coin, privé de pieds et de mains. Le sang s'était accumulé dans les oreilles couvertes de cloques à vif. La peau du visage avait été rouée de coups. Elle était enflée, meurtrie, morte.

L'inspecteur Beachy avança d'un pas et se baissa.

Le gardien avait l'intérieur des oreilles pâle et incrusté de sang.

— C'est intéressant. On dirait du pus roussi.

Il parlait à un policier nommé Jim Jenkins lorsqu'un autre inspecteur en civil entra. Il était grand et athlétique, avait l'air de savoir s'y prendre dans une salle de gym. Nous nous serrâmes la main, il dit qu'il s'appelait Wyman.

— On dirait qu'ils lui ont brûlé les tympans avec des cigarettes, dit Ron.

Clarence grimaça, creusant des rides dans tout son visage.

— Oh mon Dieu ! Quelqu'un l'a salement arrangé, ce pauvre type !

Si telle était l'opinion professionnelle de Clarence, je tendais à être d'accord. L'Anglais était vraiment un salopard sans pitié, tel que je n'en avais jamais vu.

Je désignai les profonds sillons creusés dans le sol, remplis de sang et d'éclats de bois récents.

— Voilà l'endroit où ils l'ont découpé.

Ron regarda de plus près et dit :

— Ils ont utilisé une hache.

C'était bien ce qu'il me semblait, à moi aussi, mais il avait sans doute fendu plus de bois que moi dans sa vie. À choisir, j'aurais utilisé une tronçonneuse.

Ron revint vers le corps. Il se pencha et extirpa une carte de visite avec des pincettes.

— C'est intéressant. (Il la brandit à la lumière.) Qu'est-ce que vous en pensez, Nick ?

J'aurais reconnu cette carte n'importe où. Elle portait mon nom.

— J'ai jamais vu ce type.

Ron se leva. Il dit qu'il me croyait, mais ce n'était sans doute pas vrai.

Nous passâmes dans le salon, où rien n'avait été dérangé ; il y avait sur la table basse un porte-monnaie d'où dépassait un billet de vingt. Il était facile d'écarter le cambriolage comme motif.

J'entrai dans la cuisine et vérifiai le frigo. Je tentais de garder mes pensées en ordre, mais je savais que ces enculés s'étaient rendus à mon bureau. Je gardais devant ma porte un plateau contenant quelques cartes de visite. Pendant que j'étais en train de dormir, ils étaient sur le palier. S'ils avaient soupçonné que j'avais l'argent, ils auraient enfoncé ma porte à coups de pied et m'auraient abattu sur le canapé. Sauf s'ils voulaient me faire porter le chapeau.

L'inspecteur Wyman se glissa devant moi, un cigare à la main, et sortit dans le jardin.

Ron me prit par l'épaule.

— Qu'est-ce que ça veut dire, Nick ?

Je le regardai dans les yeux et lui mentis de tout mon cœur.

— Je n'en ai pas la moindre idée, Ron.

Il commença à parler, mais son téléphone vibra et il le tira de la poche de sa veste.

— Beachy à l'appareil.

Il eut une brève conversation avec un standardiste à l'autre bout du fil, le remercia et raccrocha.

— Le numéro d'immatriculation que vous nous avez donné est celui d'une voiture abandonnée hier en bas de la route. Devant le restaurant Montgomery.

Je lui dis que je connaissais l'établissement.

— Bien. Je vous laisse conduire.

Je m'engageai dans Lindbergh Avenue, pris la voie de dépassement et maintins collé au sol l'accélérateur de l'Impala modèle spécial police.

— Ralentissez, nom de Dieu.

Je dis à Ron l'Amish de ne pas allumer la sucette au cancer qu'il avait à la main, et qu'après je verrais ce que je pourrais faire pour ma conduite.

Ron dit qu'il se retiendrait de fumer si je me montrais réglo avec lui. Est-ce que je lui cachais quelque chose ?

Je lui dis que je n'avais jamais vu de ma vie l'autre connard débité en tranches. Je n'avais jamais vu le banquier non plus.

— Tout ce que je fais depuis le début, c'est essayer de trouver l'argent. J'ai posé des questions, j'ai même donné quelques coups de poing. J'ai fait ce qu'il fallait pour obtenir des réponses.

— Mais vous travaillez en marge de ces lois que j'essaie de protéger.

— Je le fais pour que vous n'ayez pas à le faire.

Ron se tut ; je me demandai quel genre de pensées traversait sa tête d'Amish.

Il me dit que je pouvais rouler aussi vite que je voulais, mais qu'il allait fumer. Étais-je sûr de ne pas vouloir une cigarette ?

— Arrêtez de vouloir me corrompre, le réprimandai-je.

Il haussa les épaules et dit que je devrais vraiment me détendre. Chose dont j'avais parfaitement conscience.

J'avais besoin d'alcool au plus vite. Je pourrais peut-être me dégoter un antalgique.

Je me garai devant chez Montgomery et Ron désigna la voiture.

— La blanche, au bout.

Elle était exactement telle que Doyle l'avait décrite.

Ron sortit le premier tandis que je tirais de ma poche un cachet d'OxyContin et le plaçais dans ma bouche incognito. J'avais passé les dernières minutes à préparer assez de salive pour le faire descendre. Je m'étais depuis longtemps habitué au goût et il était tout à fait supportable. Le Xanax, en revanche, c'était une autre paire de manches. Pour ça, il fallait une demi-Corona, au minimum.

Nous inspectâmes le véhicule. Ron dit que la voiture était enregistrée au nom d'un certain Tim Kelly.

— Il ne faut jamais se fier à un homme qui porte un prénom en guise de nom de famille.

C'était un conseil que j'avais un jour reçu de Big Tony, mais apparemment il passa au-dessus de la tête de Ron.

— Qu'est-ce que vous savez de ce type ?

Je dis à Ron que je n'en savais fichtrement rien. Que j'avais obtenu le numéro, et appris qu'il pouvait être le conducteur.

— C'est probablement une fausse piste.

Il leva les yeux vers moi et dit :
— Pas du tout.
— Ah bon ?
— On nous a signalé qu'une Buick blanche avait quitté la scène de crime.

Ron tapota le dessus du coffre et me demanda si je pouvais l'ouvrir.

Je ne pus m'empêcher de remarquer qu'il attendait de moi une collaboration pleine et entière, mais qu'il ne se gênait pas pour distiller ses propres informations quand cela lui semblait nécessaire ou judicieux. Quand je m'assis, je dus me débattre avec le tissu du plafond qui me tomba dans la figure tandis que je me penchais vers la boîte à gants pour ouvrir le coffre.

— Vous voyez quelque chose là-dedans ? criai-je.

Ron dit qu'il n'y avait qu'une boîte à outils contenant un rouleau de papier aluminium.

— Il n'y a même pas de roue de secours.

Il me demanda quel genre d'imbécile se baladait sans roue de secours.

J'étais entièrement d'accord, mais je ne pris pas la peine de lui dire que j'étais un de ces imbéciles qui se baladent sans roue de secours. Tout ce que j'avais dans mon coffre, c'était une glacière à bières et une tronçonneuse Stihl. Ah, et puis un sac plein d'argent volé pour lequel deux personnes étaient mortes, y compris ce pauvre connard dont les tympans avaient servi de cendrier.

Je me séparai de Ron l'Amish et m'arrêtai à la première station-service pour me procurer une boisson fraîche. Je fis le plein de super et m'achetai une bouteille de rhum, un sac de glace, et un paquet de deux kilos cinq de la meilleure nourriture pour chien qu'ils avaient en magasin. Frank n'avait pas pris un repas solide depuis hier matin et il commençait à s'énerver.

Je chargeai la Vic et fonçai hors du parking. Je m'élançai sur l'autoroute, ouvris une Budweiser d'un litre et la bus encore enveloppée dans le sac papier. J'attendis que le cachet fasse son effet, mais l'Oxy est conçu pour agir après un certain temps.

Ça prenait des siècles quand on négligeait la méthode traditionnelle, comme j'y avais été contraint. Il faudrait que je prenne un autre cachet dès que j'en aurais l'occasion. À force de tâtonnements, j'avais découvert que le meilleur mode d'ingestion était de les sniffer. Méthode indispensable quand on voulait profiter pleinement de leur action comme un coup de fusil dans le cerveau.

Je me refusai à appeler Big Tony, alors même que je savais que j'aurais dû. Peut-être que Doyle et lui avaient déjà quitté la ville. J'espérais pour eux que c'était le cas. La situation nous échappait et j'étais à peu près sûr que je devrais bientôt me mettre à tuer des gens. Pas parce que je voulais garder l'argent, mais parce que les tuer était la chose à faire. Ces connards inséraient des cigarettes allumées dans les oreilles d'êtres humains. Quel genre de tordu fallait-il être pour imaginer des trucs pareils ?

Je tournai dans Blackmore Road et finis les dernières gouttes de ma Bud. Je jetai la canette sur le plancher, entre le saladier de chili du Cowboy Roy et une bouteille de schnaps à la cannelle Hot Damn. À y regarder de plus près, il semblait rester encore quelques bonnes rasades au fond.

Je me garai à ma place habituelle et décidai de laisser l'argent dans le coffre. Je n'en avais pas pour longtemps et je risquais d'attirer les soupçons si mes voisins me voyaient constamment traîner un sac-poubelle dans les escaliers.

Une fois sur le palier, je jetai un coup d'œil vers le plateau vide où se trouvaient auparavant mes cartes professionnelles. Je secouai la tête. Ces salopards essayaient de me faire porter le chapeau.

Je déverrouillai la porte, tournai la poignée et entrai. Frank ne m'attendait pas de l'autre côté, grattant et dansant.

Je m'avançai dans la pièce avec mon sac de glace, ma bouteille de rhum et deux kilos cinq de la meilleure nourriture pour chien que j'avais pu trouver à la station-service.

Sid l'Angliche était assis sur le canapé qui me servait de lit, les pieds juchés sur la caisse qui me servait de table basse.

Je fis de mon mieux pour dissimuler le choc, mais le coup de poing que je ressentis à le voir si confortablement installé était comme un séisme, un véritable coup bas. Je dis :

— Bonjour, enfoiré.

L'Anglais sourit.

— Ah, Valentine, j'ai toujours entendu dire que tu avais un certain sens de l'humour.

Son accent anglais était plus marqué que je ne m'y attendais.

— Alors je suis sûr qu'on t'a dit aussi que j'ai mauvais caractère, le sang chaud et la queue longue.

Sid renversa la tête en arrière et rit.

— Valentine, Valentine. Qu'est-ce que nous allons faire de toi ?

— Bon, si tu envisages de me fourrer une Marlboro dans l'oreille, il faudra d'abord me tuer.

Je remarquai qu'il avait dit *nous*, mais je soutins son regard. Je n'allais pas lui accorder la satisfaction de me voir transpirer.

— Je pensais que ça te faisait bander, mon petit père.

Sid tourna la tête brusquement vers la gauche et me dévisagea, scrutant mon visage tendu depuis le confort de mon canapé.

— Où t'as mis le fric, espèce de tête de nœud?

Je tenais encore la glace, le rhum et la nourriture pour chien. Pas moyen d'atteindre mon calibre .45.

Je le dévisageai en retour, lui demandai de quel fric il voulait parler. *Le fric de la caisse de crédit?* Je lui répondis que je travaillais sur l'affaire.

— Bien sûr que tu bosses sur l'affaire. Tu bosses aussi avec le gros Tony et l'autre salaud qui a cambriolé Joe Parker.

— Joe comment?

Sid se leva soudain, l'expression de son visage devenant tout à coup terrifiante.

— Fais pas le malin avec moi, trouduc! Je te découperai les oreilles et je te les foutrai sous le nez, Valentine.

Je lui dis d'essayer un peu.

— Oh, monsieur est un vrai dur, c'est ça? J'ai vu ce que t'as fait à ce pauvre type, à la boîte.

Je haussai les épaules.

— Il devait y avoir un truc avec sa moustache.

— Ah ouais? Elle te plaisait pas? (Il regarda derrière moi.) Eh, t'entends ça, Johnny? Valentine aimait pas la moustache du type.

Ses yeux me transperçaient; je voyais qu'il n'allait pas longtemps jouer à ce jeu-là.

Une voix parvint de la cuisine, mais mes yeux étaient scotchés à l'Anglais.

— Moi elle me plaisait bien, cette moustache.

Je lâchai aussitôt la glace et la nourriture pour chien et lançai la bouteille en direction de Sid. Je bondis et me jetai sur mon revolver, mais Sid fut plus rapide que prévu.

Il fonça vers moi, nous nous heurtâmes et nos corps roulèrent au sol. Il plaça quelques bons coups de poing et me dit de me calmer.

J'étais plaqué au sol, mais j'avais connu pire. Le calibre .45 était en dessous de moi, poussant au creux de mes reins.

— Où t'as mis le fric, enculé ?

Sid me laboura la joue avec le poing et je le sentis passer.

— Où t'as mis le fric ? répéta-t-il en me frappant à nouveau.

Mes oreilles tintaient, j'avais le visage rouge et tendu, le sang s'était raréfié sous la surface de ma peau meurtrie. Je lui dis que je n'avais pas l'argent.

— Regarde ce taudis. T'as l'impression que j'ai de l'argent ?

Je vis son poing se baisser encore une fois et je projetai ma tête à sa rencontre. Ses articulations percutèrent le sommet de mon crâne et des os se cassèrent.

— *Putain !* hurla Sid.

Il m'assena dans la mâchoire un gauche que je n'avais pas vu venir et ma tête rebondit sur le sol. Sid m'écrasa à nouveau de son poing gauche, mais comme je n'avais nulle part où aller, j'encaissai.

Il cria :

— Putain, ma main. Salaud.

Je tentai de repousser ses coups avec le sommet de ma tête, mais j'étais en train de perdre connaissance.

Ma bouche se remplissait de sang. Le temps ralentissait, je n'entendais plus qu'un vague bruit de fond. Je ne voyais plus que des taches d'obscurité froide et pénétrante qui m'oppressaient.

Il braqua une arme sur mon visage, la pressa contre mon front, puis il se pencha et appuya de tout son poids.

— C'est pas compliqué. Je te tire dans la gueule tout de suite si tu me files pas le fric, Valentine.

— Tant que tu me brûles pas avec des cigarettes.

Sid continua à m'insulter entre deux coups.

— Bande – de – connards – d'Amerloques.

Mes yeux enflés se fermaient. J'avais la tête sur le côté, enfoncée dans le sol. Je ne voyais réellement que la bouteille de Ron Bacardi Superior Rum. Puis une grosse paire de chaussures de ville se matérialisa.

— Demande-lui où est le fric, Johnny.

— Où est ce putain de fric, connard ?

Lorsque je levai les yeux, il me fallut une minute pour comprendre ce que je voyais.

Sid me saisit par les cheveux, souleva ma tête de la moquette et me força à regarder.

— Vise un peu Sans Couilles.

Je clignai des yeux, battis des paupières. Celui qu'il appelait Sans Couilles se trouvait dans ma cuisine. Quand il s'avança vers moi, je compris qu'il avait fourré Frank Sinatra dans un mixeur. Le gros mixeur jaune que Frank n'aimait pas.

— Frank !

Sid regarda Sans Couilles et éclata de rire.

— Je crois que, maintenant, il va nous écouter, Johnny.

— Bande d'enfoirés !

Avec tous les lambeaux d'énergie que je parvins à mobiliser, j'appliquai mon front sur le nez de Sid et le lui écrasai contre sa joue. J'avais presque réussi à le déséquilibrer, mais il m'appliqua la crosse de son revolver sur la figure.

Je m'évanouis, avalant du sang.

Je ne voyais rien ; j'avais disparu dans un monde où le temps marchait au ralenti. J'entendais des voix dans le lointain, des murmures et des échos déformés.

Je battis lentement de l'œil droit, absorbant ce que je pouvais en éclairs rapides et ambigus. Je ne sentais plus mon visage. L'Anglais était sur ma poitrine, il m'écrabouillait. Chassait l'air de mes poumons brûlants. Je devais lutter pour chaque bouffée que j'inhalais. Tout ralentit jusqu'à ce que le temps s'arrête, immobile.

Je les entendais dans le noir : ils se demandaient qui avait l'argent et comment nous l'avions partagé entre nous trois. J'ouvris le strict minimum de paupières requis pour voir. Le reste de ma vie dépendait des quelques secondes qui allaient suivre.

Le calibre .12 se trouvait à ma droite, près du canapé où je l'avais laissé, caché entre deux caisses qui faisaient office de tables basses. Il y avait des avantages à vivre dans un taudis ; un fusil pouvait rester dissimulé parmi les journaux et les détritus.

Je serrai et desserrai lentement mon poing, déplaçant mes doigts à quelques centimètres de la crosse du fusil.

J'étais mort à l'intérieur, je ne pouvais plus bouger. Des formes grises flottaient devant mes yeux. Mais en pensant à Frank, mon corps retrouva le mouvement et ma paume toucha le bois frais du fût du fusil.

Sid regarda mon visage, mais il ne pouvait voir ma main agrippée à la crosse.

— Je crois qu'il est réveillé, ce con, dit-il à Sans Couilles. Y a quelqu'un, Valentine ? (Il cogna contre mon front avec la main qui n'était pas cassée.) Quoi ? Rien d'intelligent à dire ? On fait plus le malin ?

J'ouvris un œil. Tentai de parler, mais les mots eurent du mal à sortir :

— J'encule les Beatles.

Même à travers la petite partie de mon œil qui fonctionnait, je vis l'air horrifié que prit cet enfoiré d'Angliche quand ses poumons se vidèrent de leur air à l'improviste.

— Ah ben, c'est du joli, Valentine. Oh, t'es un sacré dingue, hein ? T'as entendu ce qu'il a dit, Johnny ? J'encule les Beatles, qu'il dit.

Je battis de la paupière lorsque le sang se mit à couler dans mon œil, et Sid me dit que, si curieux que cela puisse paraître de la part d'un Anglais, il ne supportait pas non plus ces putains de Beatles.

— Je suis plutôt fan de Def Leppard.

Je ne pouvais pas respirer ; je toussai et tâchai de trouver de l'air.

— Tu vois, Sans Couilles et moi, on a réfléchi. Et si ce putain de branleur avait l'argent dans le coffre de sa putain de bagnole ?

À ma gauche, Sans Couilles se tenait à côté de mon énorme mixeur à Margarita posé sur le comptoir. Il avait réussi à y insérer l'essentiel de mon yorkshire terrier. D'une main, Sans Couilles maintenait le couvercle bien vissé, et Frank n'aboyait pas.

Il fallait que je fasse un choix. Écarter l'Anglais de ma poitrine et le balancer à travers la vitre ou abattre ce gros lard qui avait mis Frank dans une situation aussi inconfortable.

Sid donna l'ordre et rendit mon choix facile.

— Vas-y, Johnny. Fais-nous de la bouillie de clébard.

Alors que Sans Couilles s'apprêtait à appuyer sur le bouton de mise en marche, je sortis le fusil de sa cachette, baissai le canon court sous le nez de Sid et tirai vers le haut du crâne de Sans Couilles.

BOUM ! Le canon court cracha du feu et les plombs furent expulsés, percutant Sans Couilles dans la figure et à l'épaule. Le plafond explosa au-dessus de sa tête et s'écroula sur lui.

Sid plongea loin de ma poitrine et se propulsa à travers la porte dans le couloir.

Je pouvais enfin respirer ; j'absorbai l'air goulûment.

Une partie de la porte produisit une détonation de bombe en bois lorsque Sid tira, et des éclats tranchants volèrent à travers la pièce.

Je roulai sur le côté, redressai le fusil et tirai un coup vers le couloir. Au milieu de la porte qui arborait mon nom, la vitre explosa et tomba en pluie, couvrant la moquette sale d'éclats de diamants.

Sans Couilles ne tenait plus debout. Il tituba vers moi, plié en deux et saignant copieusement sur le sol.

Je me mis sur le ventre et plantai mon coude dans le tapis comme si je labourais la terre, me forçant à avancer. Le fusil se balançait dans ma main droite, hésitant entre le couloir et la cuisine. J'estimai qu'il devait me rester deux balles.

— Johnny ! braillait Sid depuis le couloir.

Mes oreilles étaient inutiles et j'avais perdu la vision d'un œil.

Je tentai de parler.

— Frank !

Sans Couilles s'effondra contre mon comptoir en carton et le mixeur bascula à terre. Il tourna un moment et Frank poussa un glapissement atroce. Puis il s'arrêta.

Je me redressai, passai la porte et tombai sur un genou, le fusil à la main. Sans Couilles me bouscula et franchit le seuil mais je me rétablis et restai conscient assez longtemps pour descendre les marches. Je sortis dans la lumière brûlante et armai le calibre .12 d'une main tandis que je tendais l'autre en avant pour garder l'équilibre. La voiture quitta l'allée et fonça vers moi.

J'avançai en chancelant sur Blackmore Road et canardai la portière côté passager, puis la vitre arrière.

Vide.

Je jetai le fusil à terre et tirai le .45 de derrière mon dos, glissai mon bras sur le côté et me mis à tirer. Au moins deux balles dans le coffre, une autre passa à travers leur voiture. Je revins vers le trottoir en titubant et m'écroulai dans la neige.

Sid appuya de tout son poids sur la pédale, comme s'il essayait de faire passer son pied à travers le plancher. Le gros moteur protesta et les pneus laissèrent des cicatrices sur les parties de Blackmore Road que la neige n'avait pas recouvertes, tandis que la Lexus se criblait d'impacts de balles.

La vitre arrière vola en éclats lorsqu'une balle de calibre .45 passa entre eux, perça un trou dans le pare-brise, puis emporta un fragment de métal du capot. D'autres balles s'encastrèrent dans le coffre.

— Putain, cria Sans Couilles en glissant sur le plancher.

Des trous perforèrent la porte et des shrapnels lui entaillèrent la jambe droite.

— Je suis touché, Sid !

Il tenta gauchement d'attraper son arme.

Sans Couilles regarda prudemment dans le rétroviseur : une épaisse traînée de sang coulait de sa joue jusqu'à sa poitrine. Son visage était en miettes, un de ses yeux était crevé.

D'autres coups de feu suivirent, puis une balle atteignit le tableau de bord. Nerveusement, sans réfléchir, Johnny tira à travers la vitre sans la baisser.

Elle éclata en morceaux, constellant de nouveaux éclats son visage déjà criblé de plombs.

— Bordel de merde. (Sid fit glisser la Lexus vers la gauche avec l'aisance d'un pro du dérapage.) Baisse la vitre, pauvre connard.

Mais Sans Couilles n'écoutait pas. Il tira en direction d'un terrain vague et frappa un camping-car, la balle trouant le métal mince.

— Johnny, il est *derrière* nous, espèce de débile !

Sid ne pouvait plus bouger la main droite. Il avait une fracture du métacarpien, comme les boxeurs ; sa main enflée était deux fois plus grosse qu'elle n'aurait dû être. Son nez était un enfer de douleur brûlante et palpitante ; il respirait avec la bouche. Ses deux yeux commençaient à s'obscurcir subtilement.

Sid se tourna vers Sans Couilles et il sut que Johnny était mal en point. Son T-shirt semblait avoir été trempé dans la peinture rouge. Un œil avait l'air d'avoir disparu et son visage était criblé de plombs. Son front bas était ouvert, dévoilant le crâne, et une partie de sa joue avait été emportée. Sid ne voulait pas avoir l'air de le dévisager.

— Eh, putain ! T'es encore avec moi, Johnny ?

Mais Johnny n'était pas avec lui.

Sid fonça dans une allée, manqua de peu un taxi, puis prit un virage très serré dans Broadway, traversa deux voies de circulation assez peu dense, brûla un feu rouge et tourna rapidement à gauche derrière un bâtiment en brique qu'un trou du cul laissait à l'abandon.

Sans Couilles disait toujours que ça aurait fait une bonne boulangerie.

Sid gara la Lexus et examina de près son partenaire.

— Je suis foutu, Sid. Je suis foutu.

Sans Couilles devenait difficile à comprendre.

— Non, Johnny, ça va aller. Deux aspirines et tu seras requinqué.

— Ze pense que j'ai scié dans mon froc, zozota Sans Couilles.

Une partie de sa joue avait été emportée. Un trou béant s'ouvrait au coin de sa bouche, là où la lèvre supérieure rejoignait l'inférieure. Du sang et de la salive s'écoulaient par les plis de sa peau déchirée.

La langue de Johnny sortait continuellement de son visage.

— Me suis... scié... dezus... Zid.

Sid tenait les bras de Johnny; il le redressa sur son siège, mais on avait l'impression que son bras allait se détacher. Il était trop mou. Tout semblait sur le point de se désagréger.

— T'as *scié* dans ton froc? (Sid tentait de détourner l'attention de Johnny du trou qu'il avait au visage.) Ou bien tu t'es *chié* dessus? Parce qu'à mon avis, c'est plutôt *chier* qu'il faudrait dire, vu les circonstances.

Sans Couilles gémissait et saignait à profusion. Sid essaya de ne pas penser à sa Lexus désormais maculée de vomi *et* de sang.

— Faut qu'on reparte. T'es avec moi, Johnny ? Faut qu'on se tire, merde.

Sid partit en marche arrière et Johnny bascula en avant, s'écrasant sur le tableau de bord où il laissa de nouvelles taches de sang.

— Oh putain, Johnny, hurla Sid.

Johnny hurla une réponse mais elle était impossible à comprendre.

Sid aperçut une lumière verte quand son téléphone sonna.

— C'est Parker.

Après avoir tué le gardien, ils avaient mis les opérations en marche. Ils étaient repartis, avaient réveillé Parker, lui avaient dit que Valentine était dans le coup. À quel point, ils ne savaient pas. Ils avaient dit qu'ils avaient un plan pour lui rendre la monnaie de sa pièce. Ils allaient lui faire une visite et voir s'il avait l'argent.

À la troisième sonnerie, Sid ouvrit son portable et dit :
— C'est fait.

M. Parker garda le silence une seconde, mais Sid l'entendait respirer lourdement par le nez, comme il en avait l'habitude dans les situations tendues. Sid mit son clignotant et changea de voie. Johnny Sans Couilles se contentait de gémir et de saigner.

— *L'aigle a-t-il atterri ?*
— Euh, ouais. L'aigle a atterri.

M. Parker était obsédé par les romans d'espionnage et se débrouillait toujours pour parler en code, même si ceux-ci étaient complètement débiles.

— Je suppose que vous avez le paquet ?
— Négatif, chef, on n'a pas le paquet.

Sid se sentait ridicule.

— Où est Sans Couilles ?

Sid se tourna vers la droite. Johnny était adossé à la porte et le regardait fixement. On voyait ses dents du bas à travers sa joue.

— Il est là.

Sid tendit le téléphone à Johnny mais son visage émit un horrible bruit de succion.

— Dis à ce gros porc qu'il a intérêt à pas avoir tout fait foirer, tu m'entends, Sid ?

M. Parker avait voulu plaisanter, mais cela ne fit pas rire Johnny. Il continua juste à saigner, à baver et à laisser sa langue glisser par le trou.

— Zuis en train de *crever*, murmura Johnny.

Sid se contenta de hausser les épaules, secoua la tête de gauche à droite.

Johnny se redressa un peu et poussa un cri inutile. Du sang commençait à couler par le trou principal et ça n'inspirait rien de bon à Sid.

— Bon, qu'est-ce qui s'est passé là-bas, Sid ? demanda M. Parker. Je t'avais dit d'avoir cet attardé à l'œil. (M. Parker voulait signifier à Sid que c'était *lui* le responsable.) Tout ce que vous aviez à faire, c'était récupérer l'argent.

— Vous voulez dire le *paquet*, rectifia Sid.

Avant que Parker ait pu réagir, la Lexus fut emboutie à l'arrière par une camionnette Chevrolet blanche portant l'inscription DRYSDALE ÉLECTRICITÉ. L'impact lui arracha le volant des mains et la voiture fit une brusque embardée vers la gauche, percutant un camping-car Dodge rouge.

Sid reprit le contrôle et Johnny se cogna à nouveau contre le tableau de bord avant de glisser jusqu'au plancher.

La camionnette revint, passa du côté du conducteur et quelqu'un agita un revolver.

Sid écrasa les freins et fit une brusque embardée. La Lexus s'enfonça dans une Nissan Maxima, et des éclats de verre jaillirent de la vitre du conducteur et remplirent l'intérieur de la Lexus.

Sid emboutit une fois encore la Nissan et la projeta vers l'accotement.

— Ils nous ont trouvés, Johnny !

Mais Johnny ne s'en souciait guère. Il était trop occupé à mourir.

Sid martela l'accélérateur et la Lexus s'enlisa.

Le pare-chocs arrière traînait sur l'autoroute alors que la camionnette prenait de la vitesse. La Lexus ne pourrait plus encaisser qu'un coup de boutoir, voire deux, avant de rendre l'âme.

Très vite et sans prévenir, Sid braqua brusquement les roues vers la droite. Le moteur s'emballa, les pneus crissèrent, et il arracha le pare-chocs avant d'une Ford Focus couleur caca d'oie avec ce qui était jadis le pare-chocs arrière de la Lexus, partit vers la voie la plus à droite et bascula par-dessus l'accotement. La Lexus cabossée dévala sur le flanc la pente du talus à travers des poches de neige grise, puis se remit sur ses roues.

La camionnette de l'électricien resta prise dans la circulation et ne put suivre la folle sortie de Sid.

Sid garda le pied sur la pédale d'accélérateur tandis que la voiture passait à travers les vestiges d'une clôture en grillage, sautait par-dessus un trottoir, puis se mêlait à la circulation de Charbonneau Boulevard avant de tourner à gauche.

Sans Couilles demanda à Sid s'il allait mourir.

— Bien sûr que non, Johnny.

Johnny toussa et cracha du sang dans sa main. Il la tendit vers Sid.

— Eh bien merde alors, Johnny ! (Sid lui envoya une bourrade et Sans Couilles s'écroula contre la portière.) T'es devenu dingue ou quoi ?

Johnny avait la respiration courte mais il reprenait son souffle.

— On n'aurait zamais dû prendre le fric, Sid.
— C'est quoi, ce délire, Johnny ? Bien sûr qu'on devait.
— Facile à dire pour toi.

Sid lui demanda s'il voulait aller à l'hôpital.

Sans Couilles rit et dit que ça ne servirait pas à grand-chose.

— Écoute, Johnny, je vais m'occuper de toi, OK ?

Sans Couilles hocha la tête.

— On va où ?
— Tu te rappelles la fille de la boîte que je me tapais ? Elle habite juste à trois kilomètres d'ici.

Sid baissa les yeux vers son téléphone sur le plancher, il se demanda si Parker écoutait encore. Tout était foutu. Sa main, son nez, *sa Lexus*. Et puis il y avait la figure de Johnny et tout le reste. Il regarda Sans Couilles et lui dit de s'accrocher. Sans Couilles lui répondit en dressant un seul pouce.

Sid était sûr d'avoir semé la camionnette. Il ne l'avait pas vue quitter l'autoroute, il n'y avait plus rien dans son rétroviseur, rien que des flocons en vol et des résidus de grillage que la voiture traîna sur une centaine de mètres.

— On y est, Johnny, annonça-t-il.

Sid se gara dans l'allée voisine, au cas où ils seraient suivis, et fit de son mieux pour tirer Sans Couilles de la voiture sans lui détacher l'épaule du corps.

— Sa voiture doit être dans le garage, à moins qu'elle soit pas là. Ce serait une bonne nouvelle, hein, mon pote ?

Sid hala Sans Couilles jusqu'à la porte de derrière, où elle cachait une clef. Il le posa sur une chaise de la cuisine et lui prépara un Bloody Mary, qui lui semblait être la boisson appropriée vu les circonstances.

— Tout va s'arranger, lui affirma Sid sans conviction. Maintenant, on va tâcher de te remettre vraiment d'aplomb.

Sid regarda Sans Couilles à la lumière et sut qu'il n'avait plus que peu de temps à vivre. Ce serait une fin douce-amère pour leur association. Ils avaient tué ensemble. Découpé des corps ensemble. La mort de Sans Couilles allait priver Sid d'un collègue fiable. Mais d'un autre côté, Sid était confiant dans le fait que la part de l'argent qu'aurait dû toucher Johnny comblerait le vide affectif créé par son départ.

— Tu prendras soin de moi, Sid?

Les mots sortaient lentement, exigeant d'immenses efforts.

Sid promit, dit à Johnny qu'il revenait tout de suite. Il partit dans le couloir, vers l'armoire à pharmacie. Il savait qu'avec tous ses piercings, Angie devait avoir ce qui se faisait de mieux en matière de premiers secours.

Il revint avec un gant de toilette humide, un flacon d'alcool à friction, de la gaze et un rouleau d'adhésif gris.

L'œil valide de Sans Couilles cligna sauvagement lorsqu'il vit l'adhésif.

Il se mit à protester, mais Sid le fit taire. Lui dit de se calmer. Dit qu'il allait le retaper comme il fallait. Tandis que Sans Couilles tentait de boire un peu de Bloody Mary, l'Anglais versa une bonne dose d'alcool dans les trous du visage de Johnny.

Sans Couilles se leva aussitôt et perdit l'équilibre. Il tomba à la renverse, heurta sur la table un vase rempli de fleurs et l'envoya s'écraser sur le lino.

— Eh, fais gaffe à la table, connard !

Sans Couilles s'assit sur la table de cuisine minable. Un des pieds se plia sous son poids, mais sans se casser. Il hurla tandis que le sang et l'alcool coulaient par ses nombreuses blessures.

— Bordel, fallait vraiment que tu casses ce putain de vase, pauvre tache ?

— Va te faire foutre, Chid ! On ch'en tape, du vage ! Chuis en train de crever, moi.

Sid faisait de son mieux pour déchiffrer les chuintements liquides de Sans Couilles.

— Un peu de dignité, au moins, trouduc. Un peu de respect. Le vase était la touche finale dans la déco de cette pièce.

Sans Couilles dit à Sid qu'il pouvait retourner en Angleterre et enculer le chien de la reine. Il lui demanda pourquoi il lui avait balancé ce truc piquant dans la gueule.

— J'essaie juste de t'aider, Johnny. Je pensais que ce serait plus facile si tu le voyais pas arriver.

Sans Couilles secoua la tête et dit :

— Je vais buter Valentine. Je vais le buter, le chucheur de bites.

Sid hocha la tête en signe d'approbation. Il tapota Sans Couilles sur sa bonne épaule, lui dit : Voilà comment il faut réagir. Lui dit qu'il serait bientôt comme neuf. Sid s'approcha du frigo afin de servir un autre verre à Sans Couilles.

Quand Sid revint, Sans Couilles lui dit qu'ils n'avaient même pas vérifié que l'argent était dans le coffre de la voiture.

— Ouais, Johnny, je sais. On n'a pas vraiment eu le temps, vu que tu t'es pris une balle dans la tronche et tout ça.

Sans Couilles inspira profondément et gémit. Il exhala vigoureusement et Sid regarda sa joue s'ouvrir et se fermer comme le rabat d'une tente.

— On va devoir faire quelque chose pour ta joue, collègue.

Johnny dit qu'il le savait. Il eut un hochement de tête pathétique et demanda à Sid de quoi il avait l'air.

— Ben, personne risque de te prendre pour George Clooney avant longtemps, mais c'est pas si terrible que ça.

Sans Couilles but sa boisson à petites gorgées, mais il devait tourner la tête vers la droite sinon le jus de tomate ressortait par les trous. Il dit à Sid qu'il aurait bien aimé prendre un antalgique.

Sid dit à Sans Couilles qu'il devrait s'en passer et se débrouiller sans. Il rappela à Sans Couilles qu'il n'était pas le seul à avoir mal.

— Regarde mon foutu nez, Johnny. (Puis il leva la main droite.) Et regarde-moi ça, elle est cassée, bordel.

— On ch'est tous les deux fait avoir, Chid.

— Ouais, Johnny, t'as raison.

Une rafale de vent souleva un morceau de revêtement détaché et le claqua contre la maison, faisant sursauter Sans Couilles.

— Du calme, dit Sid. Ça fait toujours ça.

Il s'assit près de Sans Couilles et ils finirent leur verre.

— Le petit jeu qu'on joue avec Joe Parker, ça va pas pouvoir durer longtemps, Johnny. On doit trouver ces types ce soir, récupérer le fric et se barrer de cette putain de ville pour de bon.

Il demanda à Sans Couilles s'il était prêt.

Sans Couilles finit la dernière goutte de jus de tomate et dit à Sid de se mettre au boulot.

Sid arracha quelques morceaux d'adhésif, de longueurs variées. Il en déchira certains en deux et fixa les bouts au bord de la table.

— Ça va peut-être faire un peu mal, Johnny.

Sid tenta de lui nettoyer le visage avec le gant de toilette, mais sans grand succès. Il frotta pendant une minute, puis il commença à utiliser les bouts d'adhésif pour rafistoler le visage de Johnny.

Lorsqu'il eut fini, Johnny avait de l'adhésif sur la joue, l'oreille et le nez. Il pouvait à peine ouvrir la bouche pour parler. Sid lui recolla aussi l'épaule au reste du corps en lui faisant passer le ruban dans le dos, sous l'autre bras, puis en travers. Encore quelques tours et Sans Couilles se sentit beaucoup mieux. Plus raide, un peu plus tendu, mais au moins il n'avait plus l'impression que sa putain d'épaule allait tomber.

Il dit qu'il avait envie de pisser. Il avait peut-être fini par trouver le courage de se regarder dans un miroir. Il demanda à Sid de lui verser un autre verre et dit qu'il revenait tout de suite.

— OK, Johnny.

Sid leur servit un verre à tous les deux.

La porte de derrière s'ouvrit tout à coup et Sid lorgna sur son flingue posé sur la table. C'était Angie et un type qui lui rappelait quelqu'un mais que Sid n'arrivait pas à situer. Le type brandissait un flingue.

— Fais pas ça, l'ami, hurla l'inconnu.

Sid s'arrêta et tenta de mettre les mains en l'air, mais il tenait les verres.

— On se calme, on se calme. Angie, c'est moi.

— Bien sûr que c'est toi, connard! Tu fous le camp, tu donnes plus de nouvelles pendant deux mois, et puis tu reviens ici et tu fractures ma putain de porte?

— Je suis pas entré par effraction, chérie. J'ai utilisé la clef.

Elle regarda les verres qu'il tenait.

— Et en plus tu te sers à boire?

— J'avais soif.

— Va te faire foutre, cria-t-elle.

Sid regarda le type armé.

Il avait l'air de savoir s'en servir, mais il était nerveux. Il serait facile à maîtriser si Sid le prenait au dépourvu.

— Tu nous présentes pas, ma jolie?

D'un mouvement de la tête, il désigna le nouveau venu.

— T'as pas besoin de savoir qui je suis, petit.

Elle avait les cheveux mouillés. Elle portait un pantalon de survêtement large et un T-shirt d'homme. Elle sentait la mangue.

— C'est Bill, dit-elle. Un voisin.

Sid fit allusion à ses cheveux mouillés et demanda:

— Ta douche est cassée, ma jolie?

— Maintenant je sors avec Bill, espèce de porc!

Bill se mit à hausser le ton. Il braqua son arme vers Sid.

— T'as garé ta voiture dans mon allée, espèce de branleur! Elle l'a vue en sortant de la douche. Elle m'a dit que c'était la tienne. J'ai appelé les flics.

— Mais voyons, Bill, qu'est-ce qui t'a poussé à faire une chose pareille? (Sid secouait la tête de gauche à droite.) Angie, laisse-moi partir. Laisse-moi juste partir et je m'en vais.

Il voulut poser les verres sur la table.

— Je t'emmerde. C'est en prison que tu vas aller, connard.

Si Bill avait remarqué que Sid tenait deux verres, il n'en avait pas compris la raison.

Sid se mordit les lèvres, haussa les épaules. Dit qu'ils devraient le laisser partir.

— Johnny ?

Sans Couilles entra dans la cuisine et se mit à tirer.

Son bras droit étant coincé, il dut utiliser le gauche, chose qu'il n'avait jamais faite auparavant. Il visait Bill, mais la première balle perça un trou dans la poitrine de la stripteaseuse et elle mourut debout. Le second tir arracha un morceau de bois au chambranle de la porte. Il visait avec l'œil qui fonctionnait encore.

Bill se pétrifia, car il n'était pas habitué au poids de son arme. Il la pointa vers Sans Couilles et tira, mais il n'avait pas enlevé la sécurité. Il était en train de la tripoter quand Sans Couilles fonça sur lui, courant d'une drôle de manière avec le haut de son corps maintenu ensemble par de l'adhésif.

Bill faisait demi-tour pour s'enfuir quand deux balles lui perforèrent le dos. L'une s'enfonça dans son épaule et se logea contre sa colonne vertébrale. L'autre passa à travers sa poitrine et frappa un mur proche de la porte de derrière.

Il s'affaissa sur le ventre et des morceaux de plâtre lui tombèrent sur le dos. Sans Couilles s'approcha et l'acheva d'une balle dans son épaisse tignasse noire ; la force de ce tir à bout portant souleva la tête de Bill et plaqua ce qui en restait au sol en une explosion de sang, d'os et de carrelage.

Sid but une gorgée et dit à Johnny qu'il avait drôlement bien tiré.

— Cinq balles pour deux personnes, à seulement deux mètres.

— Va te faire foutre, et de rien, tout le plaisir est pour moi.

Mais Sid ne comprenait désormais plus rien de ce que disait Sans Couilles.

Ils partirent en courant, chacun avec une arme dans une main et un Bloody Mary dans l'autre. Ils ne pouvaient pas les laisser là avec leurs empreintes. Même si ça n'avait guère d'importance. Ils avaient tous les deux touché trop de choses. Cela fit réfléchir Sid. Il n'était pas trop tard pour nettoyer ce merdier.

Sid s'arrêta de courir, il dit à Sans Couilles qu'ils ne pouvaient pas laisser les lieux dans cet état. Il fallait retourner au garage. Il savait où trouver vingt litres d'essence. Il était bien placé pour le savoir, c'était lui qui avait tondu la pelouse tout l'été.

— Je vais faire flamber la baraque, Johnny. Attends-moi dans la bagnole.

Je sentis le froid de la neige sur mon visage quand quelqu'un me prit par les épaules. Une voix que je ne distinguais pas me demandait si ça allait. Je levai les yeux vers le soleil qui m'aveuglait et répondis à la personne située au bout de cette voix qu'elle pouvait m'aider à me mettre debout.

J'avais encore le .45 à la main. Je scrutai le sol, à la recherche de mon fusil.

— Oh là, doucement, mec. Doucement. *J'y crois pas!* Ça va?

— Fusil.

— Une minute, mon pote, t'es pas flic ou un truc dans ce goût-là?

Mes yeux s'ouvrirent et se fermèrent lourdement.

Le type qui me tenait debout habitait dans la rue. Je l'avais déjà croisé. Il conduisait un pick-up Ford F-150 rouge avec une cellule de camping d'une couleur légèrement différente. Parfois, le soir, il allait à l'épicerie du coin et en revenait avec une bouteille de vin et une glace.

Il dit qu'il s'appelait Clyde Kirby. Il me redemanda si j'étais flic. Son taux d'adrénaline montait; il était tout secoué.

— Putain, qu'est-ce qui s'est passé, mec ?

Je m'avançai et ramassai le fusil dans la neige. Clyde continuait à me dire de me détendre, que les flics allaient arriver.

Tout à coup je pensai à Frank et courus vers l'escalier, que je montai quatre à quatre. J'entrai comme un fou et le trouvai sur ma gauche, couché sur le flanc. Le bas de son corps était encore fourré dans le mixeur. Je baissai les armes et me laissai tomber à terre. Il ne bougeait pas, mais il était en vie. Quand je tentai de le dégager, il se mit à couiner et mes mains s'immobilisèrent. Je ne pouvais pas. Il y avait du sang dans le mixeur et un gros paquet de poils. Je lui murmurai quelques mots, m'efforçai de le libérer. Un bloc de fourrure était emberlificoté dans les lames et ses cris perçants me faisaient saigner les oreilles. Aussi délicatement que possible, je tirai. Il jappa et gémit. Je lui redis que tout irait bien. Promis que j'allais leur faire payer ça.

Quand je le soulevai, une de ses petites pattes resta au fond du mixeur.

— Bordel de Dieu ! (Clyde se tenait dans la pièce, le choc creusant des rides profondes dans son visage.) Bon Dieu, mon gars, qu'est-ce qui s'est passé ici ?

— Je me suis fait attaquer par des tueurs.

— Mais le chien ? Il était dans ce mixeur ?

Étant donné les circonstances, la question était légitime. Mais comment avouer à un voisin qu'on connaît à peine que deux enfoirés viennent de mettre votre chien dans un mixeur à Margarita parce qu'ils cherchaient un sac-poubelle plein d'argent volé ?

Je fouillai dans une caisse, pris une poignée de cartouches de 7,5 cm pour le fusil et les jetai dans le doggy bag White Castle de l'autre soir. De la même caisse, je tirai une bouteille de Jim Beam. J'avais pour règle générale de conserver mes munitions et mon alcool à portée de main pour des urgences comme celle-ci.

J'avais pratiquement recouvré la vue de l'œil gauche, mais le droit était encore ridiculement enflé et injecté de sang. Je remuai la mâchoire et elle me parut indemne. Je pensai à Frank.

Je saisis le sac White Castle et le tendis à Clyde, lui dis de me suivre jusqu'à la Vic. Je ramassai Frank et ce qui restait de sa patte, et je l'emballai bien serré dans un torchon. Il cessa de japper, puis il cessa entièrement de bouger.

— Reste là-dedans, petite fripouille.

De l'autre main, je repris le fusil et sortis de la pièce en courant, veillant à ne pas tomber avec Frank dans les bras.

Je mis la clef sur le contact et le moteur reprit vie dans un rugissement. J'appuyai deux fois sur la pédale pour faire grogner le pot d'échappement, j'embrayai, continuai à appuyer sur la pédale tandis que je tournais le volant, puis je fis faire un demi-tour complet à cette sale bête au milieu de Blackmore Road.

La Vic chassa plusieurs fois de la gauche vers la droite à travers une succession de passages mélangeant glace et bitume sec, jusqu'à ce que je finisse par adhérer au sol. J'ordonnai à Frank de rester avec moi. Je gardai une main sur le torchon sanglant qui le couvrait.

Il fallait que je l'emmène à la clinique vétérinaire près de Big Bend et je ne savais pas combien de temps il lui restait.

Je me demandai dans quel état j'avais mis Sans Couilles. Apparemment, je lui avais arraché tout le haut du visage. J'avais fait de mon mieux pour viser haut en priant de toutes mes forces pour ne pas toucher Frank. En cherchant à le sauver du mixeur, je savais bien que, par une ironie du sort, je risquais de le tuer moi-même.

Ron l'Amish allait se chier dessus quand il apprendrait ce qui s'était passé. Il ne me croirait jamais. Je savais qu'il y avait déjà des flics chez moi et que Clyde leur racontait des histoires.

Tout était arrivé si vite que je m'interrogeais sur ce que Clyde avait bien pu voir. Puis je me rappelai la main cassée de l'Anglais et je souris.

Je pénétrai sur le parking de l'hôpital à toute allure et me garai près de l'entrée. J'arrachai la clef de contact et m'emparai de Frank. Je baissai ma chemise par-dessus le .45 et fonçai vers la porte, que j'ouvris d'un coup de pied. Je dis à la charmante jeune fille de l'accueil que j'étais policier et que c'était ma brigade canine, lui demandai d'interrompre tout ce qu'elle avait en cours et d'opérer Frank comme s'il était le président des États-Unis.

Je confiai Frank à la jeune fille et son superbe visage se décomposa lorsqu'elle vit tout le sang.

— Oh mon Dieu ! Qu'est-ce qui lui est arrivé ?

Comme je n'avais pas prévu cette question, je lui répondis la première chose qui me vint à l'esprit.

— Il a été blessé dans l'exercice de son devoir.

— Oh mon Dieu! s'exclama-t-elle à nouveau. Le pauvre chéri. C'est vraiment un chien policier?

Elle semblait sceptique.

Je lui dis que, bien sûr, c'était un chien policier. Brigade des narcotiques.

— Le pauvre chéri, répéta-t-elle. Il est tellement minuscule.

J'admis que Frank était petit pour un yorkshire mais je l'assurai qu'il n'en était pas moins un agent avec lequel il fallait compter.

Un monsieur plus âgé passa, en blouse blanche, lunettes repoussées vers le bout du nez. Je le pris par le bras.

— Vous êtes vétérinaire?

Il tenta de se dégager, mais je n'étais pas prêt à le lâcher.

— Oui ou non?

— Eh bien, oui, grommela-t-il.

— On est en pleine crise, déclarai-je.

Et je lui dis qu'il s'agissait d'une urgence policière. Que je reviendrais le lendemain matin. Et j'expliquai en termes dénués d'ambiguïté que Frank avait intérêt à être remis sur toutes ses pattes, et pas seulement trois et demie.

Je quittai l'hôpital et bus une lampée de Jim Beam au goulot aussitôt que j'eus trouvé la voiture. Je chargeai le fusil et allumai le chauffage. Je ne supportais pas de voir Frank dans cet état. Je pris une autre rasade tout en cherchant des antalgiques dans la boîte à gants. Mon visage enflait; la peau autour de mon œil était tendue et gorgée de sang.

Je sentis que mes entrailles commençaient à se consumer et je sus que le feu du bourbon était en route.

Lentement d'abord, mais l'incendie viendrait à se déclencher comme toujours.

Je finis par trouver un flacon de quelque chose qui, avec un peu de chance, serait plus fort que du Tylenol, et je poussai l'objet jusqu'à ce qu'il arrête de bouger, acculé dans un coin. Je me redressai et lus l'étiquette. Percocet, un de mes préférés. Cela ferait parfaitement l'affaire.

Je ne savais pas trop quelle allait être la prochaine étape. Je ne savais pas où trouver Sid et Sans Couilles. Je ne savais pas où trouver Big Tony ou Doyle. La seule chose que je savais, c'était que je devais regagner mon appartement et répondre à des questions. Mais peut-être devais-je d'abord trouver à boire et réfléchir à tout cela. Il était encore assez tôt pour profiter de l'*happy hour* dans un trou de souris que je connaissais, deux ou trois kilomètres plus loin. Je pris une bonne gorgée de Jim Beam en quittant le parking.

Je garai la Vic devant un taudis crasseux et délabré appelé La Reine de Cœur. Le genre d'endroit où échouaient les filles des meilleurs bars à nichons de l'autre côté de la rivière dès qu'elles avaient perdu ce qu'elles avaient eu un jour. C'était la fin de parcours, la maison des rêves brisés et des espoirs déçus. Les filles étaient un peu plus lourdes et devaient porter un string, mais la bière était tout aussi fraîche et la route moitié moins longue.

Je fouillai à nouveau la boîte à gants en quête d'un médicament qui aurait pu échapper à mon attention. Je savais que je n'avais pas laissé assez de temps aux Perc pour qu'ils produisent leur effet, mais mon visage envoyait de violentes ondes de douleur intolérable.

Un dernier trait de Jim Beam vida la bouteille, que je lançai derrière le siège. Je tentai d'éviter mon reflet dans le rétroviseur quand je sortis et traversai le parking.

Je franchis la porte et gardai la tête baissée en avançant vers le bar.

J'eus de la chance, trouvai un siège libre à un bout et fis de mon mieux pour ignorer les regards interrogateurs de ceux qui m'entouraient. Je dis à la barmaid que j'avais besoin de deux Corona et d'un White Russian.

— C'est tout ?

— Ajoutons-y un verre de Knob Creek par précaution.

— On se connaît ?

Je vis son visage examiner le mien avec une curiosité amusée.

— M'étonnerait.

Elle repensa à ma commande.

— Eh bien, vous attendez du monde ?

Je répondis que oui, puis je tournai le dos au bar. Même dans mon état physique du moment, je parcourus du regard les alentours pour dénicher ce que la Reine avait de mieux à proposer. Je me préparais à subir ce qui allait sûrement être un strip-tease péniblement bas de gamme, accompagné par la pulsation lamentable d'une musique qui n'aurait jamais dû être enregistrée.

La robuste danseuse présente sur scène agitait lentement son corps contre un poteau qui semblait osciller de deux centimètres dans chaque direction dès qu'elle s'y accrochait. On aurait cru qu'il allait se dévisser du plafond d'un instant à l'autre.

— Ta commande, mon lapin.

La barmaid revint avec un plateau plein et je la remerciai, laissai un billet de vingt sur le comptoir, puis partis boire seul à une table.

La première Corona aida à éteindre le feu allumé par le bourbon. La deuxième Corona me donna envie d'en boire d'autres. J'avalai le cocktail. J'avalai le Knob.

Alors que j'optais pour une deuxième tournée, la danseuse descendit de scène et vint me dire que j'avais l'air d'avoir eu une très mauvaise journée.

Je lui demandai ce qui pouvait bien lui faire dire une chose pareille.

Elle éclata d'un rire un peu trop grave, et j'entendis la morve dans ses poumons se libérer et remonter. De tout près, je pus remarquer ses défauts. Sa peau était tendue et usée. Elle avait le haut de chaque fesse assez large pour servir de rebord où poser mes verres. Mais en toute franchise, elle avait un sourire formidable et j'avais toujours trouvé qu'il était important d'avoir de belles dents.

Je lui touchai délicatement l'épaule et la poussai vers la droite, d'un pas, pour qu'elle sorte de la lumière, mouvement stratégique qui la rendait bien plus séduisante qu'elle ne l'était quelques instants auparavant. Je me rapprochai d'elle, lui dis que j'aimais la façon dont elle portait ses cache-tétons. Je lui demandai si elle voulait venir dans la Vic, parce que j'avais des projets pour elle.

— Quel genre de projets ?

Elle me sourit sous un regard nerveux, puis je lui souris. Je laissai mes yeux se promener de haut en bas de son corps solide.

Lorsqu'elle s'avança dans la lumière, je la repoussai dans l'ombre, sachant que tout se passerait mieux pour elle comme pour moi si je pouvais imaginer qu'elle était quelqu'un d'autre.

Elle me demanda ce que je voulais et je répondis qu'elle le savait déjà.

Elle regarda autour d'elle d'un air joueur, puis fit un pas en avant. Je sentis sa main sur mon jean, m'obligeant à planter une tente dans mon caleçon.

— Pauvre bébé, dit-elle en contemplant mon visage.

— Tu devrais voir comment j'ai arrangé l'autre.

— J'en suis sûre.

Elle passa la main sur mes épaules, palpa ma poitrine dure et nouée.

— Oh, je suis sûre que tu l'as salement amoché, mon gaillard.

Je lui assurai que c'était le cas. Je souris en repensant au visage de Sans Couilles constellé de plombs. Je souris tellement que j'eus mal.

Elle regarda à nouveau autour d'elle, puis elle m'entraîna dans le recoin le plus obscur du bar.

Finalement, l'effet des Percocet se fit sentir.

— Tu veux quoi, l'étalon ?

Je lui dis que je voulais son fruit défendu, et qu'il fallait faire vite avant que je change d'avis.

Elle hocha la tête, me fit savoir que je pouvais l'avoir par sa manière de frotter son corps de haut en bas contre ma jambe suivant un rythme antique, la seule danse honnête qu'elle ait exécutée ce soir-là.

Elle me parla lentement, gardant la bouche ouverte comme si elle me proposait quelque chose que je serais bien bête de laisser perdre.

— T'as envie de moi, bébé ?

— Bien sûr, dis-je. Pourquoi pas ?

Ses lèvres effleurèrent les miennes et je fis de mon mieux pour ignorer ce qui aurait pu être une moustache tondue quelques jours plus tôt. Puis elle se baissa et glissa la main dans mon pantalon, enroulant ses doigts autour de mon paquet.

— Oh, dit-elle. C'est gentil.

Je fis de mon mieux pour me représenter la fille du Cowboy Roy avec le bandana aux couleurs du drapeau américain et ce cul qui aurait pu tenir dans une assiette à dessert.

Elle m'attira vers elle et me dit que personne ne pouvait nous voir.

Je me concentrai sur ses cache-tétons pendant qu'elle travaillait sur mes bijoux de famille. Dans le meilleur des cas, j'allais récolter une branlette gratos et un peu de ménage à faire. Dans le pire des cas, j'allais finir par la baiser puis par me suicider sur le parking.

Nous étions face à face, nos bouches se rapprochèrent mais ne se touchèrent pas. J'enfonçai mon nez enflé dans sa joue, sentis son souffle chaud dans mon cou.

— *Valentine!*

J'entendis mon nom au loin.

Je lui dis de ne pas s'arrêter. Encore quelques tractions et ce serait le bonheur.

— Valentine, ramène-toi, espèce de salaud.

Elle haussa les épaules, puis ralentit avant de s'arrêter complètement.

— NON, glapis-je. Fais marcher ton poignet, bordel!

— Eh, va te faire foutre.

Elle dégagea sa main de mon pantalon.

— Allez, dis-je.

Mais nous nous regardâmes sous cette lumière sans pitié et mon érection s'arrêta plus vite que la pile d'une montre à deux dollars.

— Connard.

Elle disparut.

À l'autre bout de la pièce, Big Tony secouait la tête et me faisait signe de le rejoindre.

— Putain, Valentine, dit-il dès que je fus près de lui. Ils t'ont pas raté.

Je n'en revenais pas de le voir là. Je lui demandai comment il savait où j'étais.

— Sortons.

Je le suivis jusqu'à la camionnette de Doyle.

Big Tony monta côté passager et je grimpai à l'arrière.

Doyle se retourna et me regarda, dit que je n'étais pas beau à voir.

— Je pensais que vous aviez quitté la ville ?

— On pouvait pas te laisser comme ça, petit.

Big Tony pivota et dit que nous étions ensemble sur ce coup. Que nous devions rester ensemble jusqu'au bout.

— J'ai cinquante-quatre ans, dit Doyle. Je vais pas passer le restant de ce que j'ai encore à vivre à regarder par-dessus mon épaule.

— Moi non plus, dit Big Tony.

Je demandai à Big Tony comment il avait été mis au courant, pour la fusillade.

— On tournait dans Blackmore quand t'es sorti de chez toi avec ton revolver. On a vu l'Angliche et on a fait de notre mieux pour le prendre en chasse. On l'a perdu un moment, et après on les a rattrapés sur l'autoroute. Doyle l'a poussé en dehors de la route.

Doyle hocha la tête pour confirmer. Je remarquai qu'il portait une nouvelle montre.

Il me demanda quel genre de flingue j'avais et je lui répondis que c'était un .45.

— Bon Dieu, c'est du gros. (Il précisa qu'il n'utilisait rien de plus qu'un calibre .38 spécial.) Pourquoi t'as un .45 ?

Je lui répondis que ça n'existait pas en .46.

Doyle me raconta ce qu'il avait entendu. Joe Parker avait pété un câble à cause du fric et tous ceux qui avaient un rapport avec cette affaire étaient morts.

Je lui dis que j'étais déjà au courant. Je dis que j'avais vu le gardien et que ces dingues lui avaient carbonisé les oreilles avec un tisonnier brûlant.

— Merde, dit Big Tony. C'est des trucs à l'ancienne, dignes de la Mafia. C'est l'Angliche qui a fait ça ?

— Oui.

Je lui racontai comment ils avaient fourré Frank dans un mixeur, celui qu'il détestait depuis toujours.

— Enculés de British, murmura Doyle.

Big Tony dit que nous n'avions qu'une solution, que nous devions agir vite et bien. Il dit qu'une fois cette ligne franchie, on ne pourrait plus revenir en arrière.

Je dis que les seules lignes qui m'intéressaient étaient les lignes tracées à la craie autour de leurs cadavres.

— Dans ce cas-là, ils sont planqués à deux pas d'ici, dit Big Tony.

— Quoi ? (Je mis la main sur la poignée de la portière.) Allons-y.

— Attends une minute, dit Big Tony. Ils sont chez Angie. Une des salopes de la boîte. Ce connard d'Angliche la tringlait, avant.

— Bien, dis-je. Allons-y.

Puis je jetai un dernier coup d'œil à La Reine de Cœur.

Nous partîmes dans la camionnette de Doyle. La Vic resta sur le parking, et je laissai l'argent dans le coffre avec la glacière et au moins neuf bouteilles vides d'alcool de premier choix.

Je tenais le fusil sur les genoux, rempli de cartouches pour tirer le dindon. En tirant de près, il y avait de quoi percer un trou dans un homme de la taille d'une table de cuisine. À côté de moi, j'avais la tronçonneuse.

— Putain, qu'est-ce que tu fous avec ce truc? demanda Doyle.

Je lui dis que Nick Valentine ne sortait jamais sans et Big Tony trouva ça drôle. Doyle ricana aussi:

— *Possède une tronçonneuse, se déplace.*

— Ouais, c'est à peu près ça, dis-je.

Doyle enfonça la pédale et l'arrière du véhicule partit sur la droite.

— Doucement, mon grand, dit Tony.

Doyle s'essuya les mains sur son pantalon et dit qu'il voulait juste en finir. Demain à cette heure-ci il serait en Floride.

Je sirotai le reste de Hot Damn que j'avais ramassé sur le plancher de la Vic. J'aurais aimé avoir quelque chose de plus fort, mais au moins c'était de l'alcool – une chose dont j'avais désespérément besoin pour rester en alerte. Je pensai à ce pauvre Frank et mon visage s'empourpra. Le malheureux ne sauterait plus jamais dans l'escalier avec la même fierté ou la même ardeur. J'armai le calibre .12 et Big Tony sursauta.

— Calme-toi, lui dis-je.

— Merde, Valentine, tu m'as foutu une de ces trouilles.

Je dis à Big Tony que j'étais prêt. J'avais besoin de m'assurer qu'ils allaient mourir pour ce qu'ils avaient fait à Frank.

— Valentine, je dois te poser la question. C'est vraiment un sacré nom pour un chien, non ?

Je fus pris au dépourvu. Cela me fit penser à des choses auxquelles je n'avais vraiment pas besoin de penser juste avant de tuer un homme.

— Je crois que j'ai choisi ce nom à cause de mon vieux. Il adorait ce type. Sinatra, c'était comme un dieu pour mon père.

Big Tony hocha la tête. Dit qu'il comprenait.

— L'autre jour, Doyle et moi, on parlait justement de nos vieux, pas vrai ?

Doyle hocha la tête à son tour.

— C'est vrai. C'était tous les deux des vrais connards, apparemment.

Big Tony acquiesça. Il demanda :

— Qu'est-ce qu'il est devenu, ton père ? Il est mort ?

Je répondis que oui.

— C'est arrivé comment ?

Ça faisait un moment que je n'avais plus pensé à mon père. Dans le bourdonnement de la route, je songeai à l'homme qu'il avait été pour moi. Je ne me rappelais que de courtes séquences de souvenirs lointains. Il était loyal, c'était l'homme le plus honnête que j'avais jamais connu, un flic qui respectait les règles. Puis je pensai à la façon dont il était mort.

— Il adorait son métier de flic, leur dis-je. Le commissaire Caraway et lui, ils travaillaient ensemble. Un soir, ils ont interrompu un cambriolage.

Je déglutis avec peine et regardai par la vitre. Je sentis le calibre .12 sur mes genoux, le serrai fort. Je n'avais pas versé une larme pour mon vieux depuis vingt ans. Je n'allais pas commencer maintenant.

Doyle changea de voie et quitta l'autoroute. Il prit la direction de Charbonneau.

Je m'éclaircis la gorge.

— Donc ils ont surpris un cambriolage et mon père s'est pris deux balles dans le ventre, tirées par un motard drogué. Mais ça ne l'a pas tué. Il a rampé sur une trentaine de mètres, a abattu le salopard qui venait de lui tirer dessus et l'a laissé pour mort. Et en plus il a sauvé la vie de Caraway.

Doyle s'arrêta et éteignit les phares. Ils m'écoutèrent continuer mon récit.

— Et alors une pute à moto est arrivée par-derrière, la nana du motard, j'imagine. Elle était shootée à Dieu sait quoi. Elle s'est jetée sur la tête de mon paternel avec un merlin de bûcheron. Caraway l'a abattue, mais ça n'a pas fait revivre mon père. J'étais au lycée. J'ai décidé que je finirais jamais comme lui. J'allais faire les choses à ma façon.

— Eh bien t'as tenu parole, faut le reconnaître, dit Doyle.

Des rafales de vent poussaient contre la camionnette, nous écoutions les bruits que fait un véhicule dès que l'on coupe le moteur. Des cliquetis, des grincements, un clac inattendu.

Je fis passer la bouteille devant, leur demandai s'ils voulaient en boire un coup avant d'aller canarder ces fils de pute. Puis nous entendîmes des coups de feu, rapides et furieux.

— Putain, c'est quoi, ça ?
— Nom de Dieu, dit Doyle. On fait quoi ?

Je sautai hors de la camionnette tandis que la bande de Parker se précipitait dans le jardin, mais l'Angliche s'arrêta net. Il dit un truc à son partenaire puis regagna la maison. Doyle était à côté de moi ; Big Tony était resté dans la camionnette.

— Je lui ai dit de pas bouger, il ferait que nous gêner, ce gros naze.

J'étais entièrement d'accord. Je dis à Doyle qu'il devrait lui aussi remonter dans le véhicule.

— Non, je viens, dit-il.

Je lui dis qu'il devrait remonter dans la camionnette et attendre.

— Arrête tes conneries, je m'occupe de l'Angliche, toi tu t'occupes de lui.

Il désigna celui que Sid appelait Sans Couilles, puis fila. Il dit que tuer Sid était une tâche qui lui revenait.

Je me baissai et tentai de rester dans l'ombre, mais la pleine lune illuminait chacun de mes mouvements et la neige rendait la marche difficile. Je scrutai la rue à la recherche de signes de vie, mais il était tard. Tout le monde dormait, les chaudières faisaient des heures sup. Bientôt leurs confortables demeures seraient perturbées par un bruit de fusillade. Il n'y avait à proximité qu'une seule maison, où la Lexus était garée, la bagnole que j'avais canardée quelque temps auparavant.

En m'approchant de l'allée, je regardai vers la gauche, m'attendant à voir sortir Sid. J'avais encore mon .45 et je pourrais le dégainer vite. Je ne voyais pas Doyle.

Quand je fus arrivé à la voiture, je vis Sans Couilles avachi sur le siège avant et couvert de bandages.

Des tirs éclatèrent sur ma gauche.

Sans Couilles s'agita, m'obligeant à agir tandis que des sirènes retentissaient en fond sonore.

Je courus jusqu'à la vitre côté passager et me mis en position de tir.

Sans Couilles ne pouvait se retourner. L'adhésif limitait ses mouvements, mais il savait que j'étais là ; j'y veillai. Je poussai le canon du fusil contre sa tête et marquai un temps d'arrêt assez long pour qu'il comprenne ce qui allait venir.

— Ça, c'est pour Frank.

Tout se passa très vite, dans un tourbillon de sang, de balles et de haine. Big Tony vit l'intérieur de la Lexus s'éclairer d'une spectaculaire bouffée de lumière orange qui perça des trous dans le pare-brise et projeta presque tout le haut du corps de Sans Couilles à travers la vitre, sur la neige.

Big Tony alluma les phares et roula jusqu'à la façade de la maison.

— Monte, cria-t-il.

Derrière lui, le ciel était animé d'éclairs bleus et rouges.

Je courus jusqu'à la camionnette et plongeai sur le siège passager.

— Et Doyle ?

Big Tony me regarda et dit que Doyle était un grand garçon, qu'il trouverait bien une manière de s'en tirer.

Je lui dis que j'avais entendu des coups de feu.

— Ouais, j'ai entendu aussi.

Il fit demi-tour et quitta la rue en reprenant le même chemin qu'à l'aller, croisant la première voiture de police.

Big Tony alluma le scanner à la puissance maximale, me dit que l'appel avait été diffusé dès que j'étais sorti de la camionnette.

— Merde, ils ont été rapides. Trop rapides.

J'avais l'impression qu'ils étaient déjà en route. Nous vîmes une autre série de lumières venir vers nous et j'observai Big Tony qui tambourinait du doigt sur le volant. Il se tourna vers moi et me demanda ce que nous devions faire, à mon avis.

— Je pense que tu dois te barrer de St. Louis. Aller en Floride ou autre part.

— Las Vegas, rectifia-t-il. Je vais à Las Vegas.

J'acquiesçai.

— C'est bien. Alors va à Las Vegas. Claque ton fric. Vis longtemps. Essaie de ne pas tout dépenser en coke.

La deuxième voiture de police passa près de nous dans un hurlement de sirènes, les phares nous aveuglant alors que nous foncions sous une pluie glacée.

— Et toi, Valentine ?

Je haussai les épaules, lui dis que je ne pourrais pas partir tout de suite. J'attendrais de voir comment la situation évoluait. Plus les choses empiraient, moins je me souciais de l'argent.

Il dit qu'il comprenait et que je devais me sentir libre de lui donner ma part si je décidais de ne pas la garder. Il dit qu'il partait le soir même, et Doyle aussi.

Je lui demandai s'ils allaient rester en contact.

— Ouais, bien sûr, dit-il. Il a une tante à West Palm Beach, alors je saurai où le trouver.

— Bon, vous savez aussi où me trouver.

Il hocha la tête.

— Qu'est-ce que tu vas raconter au commissaire ?

Je lui dis que je n'en savais rien. Peut-être que je lui dirais simplement la vérité. J'avais utilisé mes relations et je m'étais trop approché du feu. Ils avaient essayé de m'éliminer, mais j'imagine que quelqu'un d'autre les avait éliminés.

Big Tony me dit qu'il voulait que je le ramène à sa Lincoln.

— Pas de souci. Et la camionnette de Doyle ?
— Laisse-la devant La Reine de Cœur. (Il haussa les épaules.) Doyle y pensera.

Nous arrivâmes à un parking où le 4x4 était garé dans un coin, couvert d'une épaisse couche de glace. Je fis mes adieux à Big Tony. On se reverrait quand on se reverrait.

— Salut, Valentine. Prends soin de toi. Essaie de moins boire, connard.

Je répliquai sur le ton que j'employais toujours quand on mettait mon alcoolisme sur le tapis. Je souris et mes pensées se tournèrent vers de nouveaux alcools.

Je rentrai chez moi au volant de la camionnette, me disant que la Vic était bien là où elle était. Je pourrais la reprendre le lendemain matin. Il ne s'écoulerait pas longtemps avant que le soleil se lève.

Comme Ron l'Amish était garé devant mon bureau, je me garai derrière, dans l'allée. Une longue matinée m'attendait et je ne savais pas comment les choses allaient se passer avec Ron.

Je fermai les portières à clef et remontai un ou deux pâtés de maisons. Il faisait un froid mordant ; je sentais des flocons glacés me tomber dessus. Je tournai au coin de la rue et revins jusqu'à mon immeuble. Quand je fus assez près, je frappai sur le capot de l'Impala. Ron bondit et la portière s'ouvrit très vite.

— Bon sang, vous voilà. Mais vous étiez où, à la fin ? Y a des flics qui vous cherchent, qui vous ont cherché toute la nuit. Je suis là uniquement par politesse, pour vous laisser la possibilité de vous livrer aux autorités.

Je dis à Ron de se calmer. Qu'il ferait mieux d'y réfléchir à deux fois.

— Merde, Valentine, vous avez bu ?
— Pas assez, lui signalai-je.

Ron regarda autour de lui comme s'il pouvait à peine croire que nous étions en train d'avoir cette conversation.

— Vous avez une idée du pétrin dans lequel vous vous êtes fourré, Nick ?

Je lui demandai de quoi il parlait. Lui dis que je n'avais rien fait de mal. J'avais simplement été victime d'une violation de mon domicile, j'avais été roué de coups, j'avais vu estropier mon chien, et j'avais tiré dans le visage d'un homme. Après cela, j'avais bien eu besoin d'un verre.

Ron l'Amish me dévisagea et me passa mentalement à tabac. Il observait mes traits, il étudiait mes expressions et les comparait avec les manies qu'il avait pu noter au cours des deux derniers jours.

— Donc, vous ne savez rien des cadavres qu'on a retrouvés dans une maison à l'angle de Davidson et Whitmer ?

Je plissai les yeux et réfléchis de mon mieux. Je dis que je ne savais pas de quoi il parlait, mais je vis que je ne l'avais pas encore convaincu.

— Écoutez, vous n'avez qu'à demander autour de vous. J'ai bu quelques verres. Puis mon indic m'a filé un tuyau qui devrait beaucoup vous intéresser.

— *Quelques verres ?*

Avec Ron, c'était toujours les petits détails qui coinçaient.

— Oui, quelques-uns. Une dizaine. Dix, c'est peu pour moi.

Amishman était abasourdi. Il fronça les sourcils et dit qu'il n'en croyait pas un mot.

— Bon, vous allez arrêter de me casser les couilles ?
— Tout dépend de ce que vous avez pour moi.
— Qu'est-ce que vous diriez d'un sac de voyage plein de fric que j'aurais probablement dû garder ?

Ron était en train d'allumer une cigarette lorsqu'il s'arrêta. Il me regarda d'un air incrédule et fit rouler la cigarette entre ses doigts.

— Vous déconnez, Valentine ?

Je l'assurai que ce n'était pas le cas. Tout ce que je voulais, c'était ne pas rester dans ce froid. Un verre aurait été le bienvenu.

— Où est l'argent ?
— Dans le coffre de ma Crown Victoria.

Je lui indiquai où elle était garée. Lui dis que j'avais beaucoup bu pour tâcher de surmonter le choc d'avoir tiré sur un homme dans mon bureau. Je m'étais évanoui dans la voiture. En reprenant connaissance, j'avais décidé que marcher me ferait du bien. Qu'il valait mieux que je ne conduise pas.

— Donc vous avez simplement laissé l'argent dans la voiture ?
— J'allais pas le porter sur mon dos.

Ron me dit que c'était formidable sans douter une seconde de ma version des faits.

Je lui demandai de me ramener là-bas pour récupérer le sac. Je lui dis que je ne voulais pas en avoir la responsabilité plus longtemps que nécessaire.

Nous partîmes et Ron l'Amish alluma une de ces Winston puantes et je dus prendre sur moi de toutes mes forces pour ne pas lui envoyer un coup de poing dans la gorge.

— Baissez la vitre, espèce de salopard. J'attrape un cancer, moi, ici.

Il rit et secoua la tête, mais j'entendis la vitre descendre.

La pluie légère s'intensifia et poussa de la neige sur le pare-brise.

— Il commence à faire moche, commenta Ron.

Je lui dis que c'était une observation particulièrement sagace de sa part et lui demandai s'il voulait que je prenne le volant.

Il répondit que c'était une mauvaise idée, qu'il contrôlait la situation.

En arrivant sur le parking de La Reine de Cœur, désolé sous la lumière cruelle du matin, nous vîmes la Vic garée au bout, toute seule.

Ron sortit le premier et je le suivis jusqu'au coffre. Je mis ma clef dans la serrure, l'ouvris et désignai le sac.

Il secoua la tête, dit qu'il n'arrivait pas à y croire.

Nous portâmes le sac jusqu'au coffre de sa voiture, et il me dit qu'il valait probablement mieux que je ne conduise pas. Il me demanda de l'accompagner jusqu'à la maison de Whitmer Road. Je pourrais peut-être identifier l'un des corps.

— Apparemment, ça pourrait être l'un de ceux qui vous ont agressé.

Je savais que je ne pouvais pas discuter, donc je lui dis de démarrer. Vu comme il conduisait, il serait midi avant qu'on soit là-bas.

L'Impala tint la route tandis que la glace continuait à tomber, drue et persistante, s'écrasant sur le capot et sur le toit de la voiture avec une monotonie tranchante. Je pensai à l'argent dans le coffre, j'étais content qu'il ne soit plus entre mes mains. L'argent ne servait à rien s'il vous asphyxiait sous le poids accablant de son histoire. C'était de l'argent pour lequel des types bien étaient morts. Sauf que ce n'était pas tout à fait vrai. Tous ceux qui étaient morts l'avaient bien mérité, à l'exception de Norman Russo. Un banquier qui aimait son patrimoine, mais qui choisissait mal ses confidents.

Et puis il y avait Frank Sinatra, la vraie victime de tout cela. Le plus grand crime qu'il ait jamais commis avait été de chier sur le siège passager de la Vic, et cela faisait des semaines que je lui avais pardonné.

— Qu'est-ce que vous avez fait du fusil, Nick ?

Ce foutu Amishman essayait toujours de me foutre dedans.

— Hein ?

Je fis de mon mieux pour éluder ses questions et lui faire croire que j'étais plus ivre que je ne l'étais en réalité.

— Vous avez dit que vous aviez abattu Belles Couilles avec un fusil de chasse. Je ne l'ai pas vu dans votre bureau et je ne l'ai pas vu dans votre voiture.

Je lui dis que l'homme était surnommé Sans Couilles, et que ces salauds avaient dû prendre le fusil. Que je n'y avais pas vraiment réfléchi jusqu'ici.

— On dirait qu'ils vous ont bien amoché. J'espère que vous avez pu le leur rendre un peu.

— J'ai fait de mon mieux. Il a une main cassée et le nez écrabouillé. Ça je m'en souviens.

— Et l'autre ?

— Celui sur qui j'ai tiré ?

— Ouais, lui.

— Je suis à peu près sûr qu'il est foutu.

— C'est à ça que servent les fusils de chasse.

Ron l'Amish détacha une main du volant et tira une cigarette de son paquet en le secouant. S'il n'arrivait pas à trouver un poste dans la brigade anti-bombe, j'étais persuadé qu'il avait un bel avenir dans les concours de tabagie en chaîne. Avec ses origines familiales et sa solide éthique du travail, Ron l'Amish serait un candidat sérieux au titre de Champion du monde de la clope.

— Un des corps est à l'extérieur, dit Ron. Cette scène de crime est un vrai bordel.

— Vous savez ce qui s'est passé ?

— On a trouvé une Lexus noire dans l'allée du voisin.

Il me regarda et me demanda sur quel genre de voiture j'avais tiré.

— Un gros modèle, puissant. Noir, mais complètement déglingué.

Ron l'Amish sourit.

— C'est bien ça. Elle a été impliquée dans un délit de fuite en début de journée. Maintenant il y a un cadavre sur le siège passager.

Je dis à Ron que j'espérais que c'étaient bien ceux qui avaient visité mon bureau, mais je supposais que nous le saurions bien assez vite.

Ron dit qu'il serait peut-être difficile d'identifier l'homme. L'essentiel de sa tête et de son cou avait éclaboussé l'intérieur de la voiture, et le reste avait été projeté dans le jardin. Ron l'Amish dit que tuer un homme comme ça ressemblait à une vengeance personnelle.

Je lui répondis que tuer un homme était toujours une vengeance personnelle.

Ron hocha la tête et changea de sujet.

— Et l'argent ?

J'attendais qu'il aborde la question. Je pense que c'était le flic en lui qui essayait toujours de me lancer une balle en traître.

Je secouai la tête.

— Ma source est confidentielle.

Ron se tourna vers la route et je vis des flashes. Les équipes de télévision se préparaient déjà.

— Le commissaire va vouloir vous parler.

Je dis que moi aussi je devais lui parler. Tous ces fantômes et démons du passé ressurgissaient et il fallait les abattre sans pitié.

Le bout de la route était interdit d'accès, et de chaque côté un flic souleva le ruban jaune pour laisser passer la voiture. Il y avait des lampes connectées à des groupes électrogènes et une grande tente bleue dressée au-dessus de la Lexus, qui couvrait l'allée du voisin et l'essentiel du jardin de la stripteaseuse. D'autres rubans jaunes entouraient la propriété. Ron éteignit le moteur et me demanda si j'étais prêt.

— Finissons-en, dis-je.

Je lui dis que je mourais de faim et il me promit un petit déjeuner chez Rosebud quand nous aurions terminé, une perspective plaisante.

Nous nous glissâmes sous le ruban et je fis signe à Cameron Worthy. Emmitouflé, portant écharpe et bonnet, il réglait son appareil photo. Je hochai la tête et il me regarda d'un air surpris.

— Il faut qu'on arrête de se voir comme ça.

— C'est sûr, Valentine. T'es de retour dans la police, ou quoi ?

Je haussai les épaules et enfonçai mes mains dans mes poches en regrettant de ne pas avoir de gants. Je lui dis que je donnais juste un coup de main. Que la police ne me semblait pas encore prête à me reprendre dans l'immédiat.

Cameron acquiesça. Il me demanda si j'étais entré dans la maison.

— Hmm, hmm, je viens juste d'arriver. Et toi ?

— Ouais, c'est assez gore. Mais sûrement pas autant que celui-là.

Il désigna la Lexus. Cameron me dit qu'ils avaient trouvé une chaussette remplie de dents humaines sous le plancher de la voiture.

Je fis l'étonné alors que je ne l'étais pas. Pas moyen de déterminer à qui appartenaient ces dents.

— Quel genre de malade se balade avec une chaussette pleine de dents ?

Cameron n'en avait aucune idée, mais moi j'en avais une.

— Eh, Nick.

Je me retournai et Ron l'Amish me fit signe d'approcher.

— Qu'est-ce que vous dites de ça ?

L'intérieur de la voiture était maculé de sang, de fragments d'os et de cheveux.

— Il a tout l'air d'avoir été abattu avec un fusil de chasse.

— Probablement à coups de chevrotine, ajouta quelqu'un.

Je résistai à l'envie de rectifier, de leur dire qu'il s'agissait en réalité de cartouches de 7,5 cm pour chasser le dindon.

— L'enfoiré est couvert d'adhésif.

Ron semblait légitimement amusé.

Je mis la tête à l'intérieur et lui dis que ça ressemblait au même enfoiré sur lequel j'avais tiré plus tôt dans ma cuisine.

L'inspecteur Beachy demanda à l'un des membres de l'équipe technique qui rampaient sur la glace s'il avait trouvé quelque chose.

— Vous savez à quel point c'est dur de trouver de la matière cérébrale dans la neige ? Jusqu'ici, tout ce que j'ai, ça pourrait être un morceau d'os maxillaire.

— Rien n'est impossible, fiston, dit Ron. Continuez à chercher, vous vous débrouillez très bien.

Ron l'Amish proféra encore quelques petits discours encourageants, puis il partit rejoindre le commissaire Caraway tandis que j'inspectais les restes de Sans Couilles. En voyant le service d'urgence extraire de la voiture son torse décapité, je compris que je ne ressentais absolument rien pour ce connard. Je songeai à la chaussette remplie de dents et je sus que le tuer était ce que j'avais fait de mieux depuis le jour où j'avais sauvé Frank.

Ce chien, je l'avais trouvé dans la rue, efflanqué et affamé. Le téméraire s'était enfui de chez son infâme propriétaire et je l'avais recueilli, j'avais fait ce que j'avais pu pour l'aider. Je lui avais promis une vie meilleure, mais il grattait à présent à la porte de la mort dans un lit d'hôpital, et la seule chose à quoi Frank pouvait s'attendre, c'était une fameuse claudication et un avenir voué à l'alcoolisme.

Le commissaire me héla et me passa un bras autour de l'épaule.

— Merde, Nicky. On s'est fait du souci pour toi, fiston.

La peau autour de ses yeux était rose, mais durcie. Comme du cuir brut tendu par-dessus ses pommettes. Je vis des larmes lutter pour sortir de ses yeux chaleureux, je baissai les miens vers le sol et regardai la neige absorber le sang.

— Ron vous a dit que j'ai récupéré une partie de l'argent ?

Le commissaire hocha la tête et dit qu'il savait qu'il pouvait compter sur moi. Il me demanda si je viendrais passer Noël avec Barbara et lui, cette année, je lui répondis que je ne manquerais pas ça.

Ron dit que la Lexus était enregistrée au nom de Sidney Godwin, originaire de Manchester.

— Ça vous paraît coller ?

— Oui, dis-je. C'est comme ça que l'appelait l'autre débile.

Je désignai le torse corpulent et sans tête, emballé dans de l'adhésif, sur la civière.

— Allons-y, dit Ron l'Amish. Quand on aura identifié ce trouduc de British, on ira prendre un petit déjeuner.

Quand Ron se dirigea vers la maison, je le suivis à l'arrière, où un policier en uniforme nous remit des gants en caoutchouc.

Il y avait une pile de chaussures juste à l'entrée, ainsi personne n'introduisait de neige fondue et l'intégrité de la scène de crime n'était pas compromise.

— C'est par là qu'ils ont pénétré ? demanda Ron à l'officier.

Le flic hurla par-dessus le vent.

— Il semble bien. Il y a une seule clef sur la porte, aucun signe d'effraction.

— On a combien de corps ?

Au-dessus de nos têtes, un morceau de revêtement extérieur qui pendait prit le vent et claqua contre le mur.

— Une femme et deux hommes. Tous blancs. Tous tués par balles, apparemment.

Ron l'Amish le remercia et lui dit qu'il avait fait du bon travail.

Je regardai Ron opérer tandis qu'il explorait méthodiquement la scène. Il suivait un schéma strict, balayait visuellement la pièce. Il commença par l'extérieur avant d'entrer peu à peu.

L'inspecteur Dan O'Shea arriva du garage et montra à Ron quelques notes qu'il avait prises.

— On a des précisions sur ces gens-là ?

— Eh bien, pas officiellement, répondit O'Shea. Mais on dirait bien que c'est elle qui habitait ici.

Avec son stylo, il désigna une blonde lavasse étendue à terre, un trou dans la poitrine.

— Et on dirait que ce type pourrait bien être le voisin.

O'Shea désigna d'abord l'homme gisant à terre, la cervelle éclatée, puis la maison où la Lexus était garée.

O'Shea se rapprocha de la stripteaseuse et prit une photo avec un appareil numérique.

— On dirait qu'elle se trouvait à peu près là-bas quand le coup a été tiré.

Je désignai l'intérieur du chambranle. Je me retournai et reculai jusqu'à l'endroit où je supposais qu'elle s'était tenue.

— Elle a pris la balle ici. (Je montrai ma poitrine.) Elle s'est écroulée contre le mur et a laissé une traînée de sang jusqu'à terre.

O'Shea était d'accord avec mon hypothèse. Il baissa les yeux vers le bras qu'elle avait tordu derrière le dos. Le sang formait une flaque vers le creux de son coude. Elle avait un œil fermé, l'autre ouvert, mais un peu de travers, juste assez pour qu'on voie le blanc. Sa mâchoire était disloquée.

— Drôle de façon de tomber, dit O'Shea.

J'acquiesçai. Je dis qu'il y a des gens qui avaient une mort marrante.

Il rit jaune, et il devenait de plus en plus manifeste que mon humour de scène de crime ne serait jamais apprécié à sa juste valeur.

Quand Ron entra dans le garage, je le suivis. Il me demanda :

— C'est votre Anglais ?

Doyle était allongé sur le béton, un grand trou dans le visage. Le contenu de sa boîte crânienne était répandu à terre comme des gros grumeaux de fromage blanc à la fraise. Ce que je supposai être des blocs de cervelle de taille moyenne décoraient le côté d'un vieux réfrigérateur jaune que la rouille grignotait en partant du bas. Doyle avait à la main un calibre .38 spécial ; il avait été pris par surprise.

— On dirait bien qu'on lui a tiré deux fois de suite dans la tête, dit Ron. Et à travers la mâchoire. Bon sang, ces connards rigolent pas quand ils tuent quelqu'un.

Je déclarai à Ron l'Amish que ce n'était pas le type que nous cherchions.

— *Quoi ?*

— C'est pas lui. C'est pas l'Angliche.

— Oh merde. Vous êtes sûr ?

Je lui dis que j'étais catégorique. Doyle était mort ; je m'assis sur le capot d'une Ford Taurus qui se trouvait dans le garage.

Les inspecteurs discutèrent ensemble jusqu'à ce que le commissaire fasse son entrée. Il dit à Ron que le soleil se levait et qu'il comptait sur lui pour accorder à News Channel 5 une interview en direct dans dix minutes. Ron sortit chercher sa cravate dans la voiture.

Caraway s'assit à côté de moi sur le capot de la voiture de la stripteaseuse et me demanda comment allait mon chien.

— Je ne le saurai pas avant euh... quelques heures encore.

Le commissaire me dit qu'il était désolé de l'apprendre. Que le monde se porterait bien mieux sans tous ces malades qu'on y croisait. Il me regarda dans les yeux et me dit que j'accomplissais l'œuvre de Dieu.

Je le remerciai pour ses paroles aimables, lui dis que j'étais là pour rendre service. Tant qu'il pourrait tolérer mes méthodes peu conventionnelles, je travaillerais pour lui à chaque fois qu'il aurait besoin de moi.

Il me remercia d'avoir retrouvé l'argent, dit qu'il savait que j'avais bien bossé. Il me dit que mon père aurait été fier de moi aujourd'hui. Je n'en étais pas si sûr.

Nous parlâmes pendant quelques minutes avant de sortir du garage. J'enjambai le corps de Doyle et admirai sa montre. Étant donné le prix qu'il l'avait payée, je sentais qu'il serait de mon devoir de la lui ôter du poignet lors de son enterrement. C'était bien le moins que je puisse faire.

Après la grande conférence de presse de Ron l'Amish, nous partîmes à travers la tempête de neige chez Rosebud pour y manger des pancakes inimitables préparés par un homme que seul un coup de téléphone séparait de l'accusation de délinquance sexuelle. Quoi qu'il en soit, je devais admettre que ses pancakes étaient de qualité supérieure. J'en mangeai trois d'affilée et demandai qu'on m'en serve d'autres. Je lui rappelai en termes dénués d'ambiguïté que sa liberté était garantie au même titre que mon dernier pancake.

Ron me demanda ce que je comptais faire.

— J'ai envisagé de m'installer dans un coin où il y a une plage. En ce moment, j'ai l'impression que je serais mieux partout ailleurs qu'à St. Louis.

Il rit et me demanda si les pancakes de Rosebud ne me manqueraient pas.

— Rosebud peut aller se faire foutre.

Ça ne me manquerait pas non plus de tomber dans des embuscades ou de me faire agresser. La neige non plus ne me manquerait pas.

— Je vous comprends, Nick. Si j'étais vous, je crois que je ne sortirais pas de chez moi sans arme.

Je dis à Ron qu'il n'avait pas à s'inquiéter sur ce point.

En repartant chercher la Vic, nous fîmes un arrêt à une station-service où j'achetai un container de vodka, un gallon de jus d'orange et une bouteille de Mad Dog 20/20.

Ron l'Amish me déposa devant la Vic et me remercia encore une fois pour mon aide. Il dit que j'étais un bon flic et que le commissaire me considérait comme son fils.

— Merci, dis-je. C'était super de travailler avec vous aussi, Ron.

Je montai au volant de la Vic, fis tourner la clef dans le démarreur, mis en marche le chauffage et cherchai le gobelet en polystyrène le plus proche. J'écoutai la voiture chauffer pendant que je me servais un Screwdriver. J'appuyai sur la pédale et fis grommeler les tuyaux, je sentis la carrosserie s'ébranler sous le contrecoup de la puissance brute des chevaux sous le capot. Je savourai une lampée substantielle du gobelet tout en quittant le parking sur deux roues, patinant dans la glace, faisant tournoyer les pneus, les congères émettant le même bruit que si un pur-sang leur avait foutu sa bite dans la gorge, cependant que la vodka-orange giclait de mon gobelet.

Je roulai, éclairé sur la gauche par le soleil, les yeux épuisés et morts. Je sentis la morsure de la vodka et secouai un peu le verre avant de réessayer. Ces derniers jours se confondaient en une brume blanche. J'étais passé de la pauvreté à la richesse, avant de revenir à la pauvreté.

En arrivant à la clinique vétérinaire, je levai le coude et bus ce qui restait dans le gobelet. Je dérapai et fis un tête-à-queue sur le parking gelé.

Je franchis la porte et redécouvris la fille sublime que j'avais rencontrée la veille. Elle attendait avec un sourire capable de guérir mes plus profondes blessures. Ses boucles blondes étaient rattachées en un chignon tombant, et elle m'accueillit avec ce que j'aimais prendre pour davantage qu'une vague affection. Son sourire irradiait l'innocence et une sexualité provocante.

Elle me dit que j'avais le chien le plus résistant qu'elle ait jamais vu.

Je lui répondis que Frank avait le cœur d'un champion, puis lui demandai comment il allait.

Elle me sourit fièrement et baissa le menton. Dit qu'elle trouvait charmant de voir un dur comme moi aimer à ce point une minuscule bestiole.

— Parfois les chiens valent mieux que les gens.

— Oh, mon Dieu! Je le sais bien. C'est *tellement* vrai.

Elle ne pouvait pas avoir plus de vingt et un ans et j'aimais la façon dont son uniforme moulait sa silhouette. Elle vit mes yeux affamés et rougit. Elle me dit que je devais arrêter ça.

— Et si je ne peux pas m'en empêcher?

Elle gloussa d'un air gêné, mais de façon pas désagréable. Mes regards brûlants l'obligeaient à manipuler des papiers qui n'avaient pas à l'être. Le silence créait une tension que je laissai monter lentement.

Je me baissai juste assez pour lui effleurer la main, puis je rompis ce silence embarrassant en l'interrogeant sur mon associé.

— Et Frank, est-ce qu'il pourra un jour danser à nouveau ?

Elle me dit que c'était adorable. Sa voix exprimait à la fois le soulagement et la déception.

— Suivez-moi.

Lorsqu'elle me prit la main, ses doigts parurent délicats dans ma poigne redoutable. Si je n'avais pas été si préoccupé par le bien-être de Frank, je l'aurais soulevée dans mes bras et jetée avec passion sur le comptoir.

Elle me conduisit dans un petit couloir qui sentait l'animal et le savon. Nous arrivâmes dans une pièce située sur la droite, avec une couveuse dans un coin. Frank était dedans, enveloppé bien serré dans une couverture. Il absorbait les puissantes ondes de chaleur.

Ses yeux clignèrent furieusement lorsqu'il me vit. Il tenta d'aboyer, mais sa gorge enrouée le trahit. Il réessaya d'une voix un peu râpeuse, mais c'était l'aboiement qu'il employait quand il m'entendait grimper les escaliers. J'enfonçais toujours mes semelles dans le bois avec un peu plus de force quand je parvenais en haut du palier. Je le faisais uniquement pour lui.

Frank éternua et se lécha les babines, aboya et éternua à nouveau. Il tentait de s'extirper de sa couverture.

Je me penchai pour caresser sa fourrure et il lécha ma main tachée de sang. Je lui dis que moi aussi j'étais content de le voir.

— Le docteur aimerait vraiment que vous attendiez un peu avant de le ramener chez vous. Je crois qu'il ne comptait pas vous revoir si tôt.

— Ah ?

Elle sourit et les coins de son sourire firent remonter ses joues jusqu'à ses yeux.

— Il veut vous parler de sa patte.

— Qu'est-ce qu'il y a ? Je dois le rebaptiser Trépied ?

— Mais non, vous êtes bête ! (Elle gloussa, me toucha le bras, et un doux parfum dériva vers moi.) Nous avons pu sauver sa patte. Le docteur la lui a rattachée.

Je lui dis que c'était formidable.

— Dites-moi s'il y a quoi que ce soit que je puisse faire pour vous remercier personnellement. Tout ce que vous voudrez.

Je lui montrai juste assez les dents pour qu'elle imite mon sourire. Je tirai Frank de la couveuse et le glissai dans mon manteau.

— Au revoir, Frank !

Elle lui fit signe, de ses doigts minuscules, et son vernis à ongles fuchsia attira mon attention.

— Je pense que vous allez lui manquer, lui dis-je.

Frank se lécha les babines et renifla.

Elle leva les yeux vers moi, ses boucles blondes luttant pour se libérer de leur attache. Je réprimai mes envies. La pensée de son corps sur le mien et l'expression de son visage...

Ses boucles ingouvernables collées par la sueur sur sa poitrine nue.

Sa gorge délicate m'appelant en gémissant.

Ses poings qui martelaient ma poitrine.

La façon dont elle me comprimerait, m'entraînant plus profond dans son corps menu.

— Et vous, demanda-t-elle ? (Elle regarda ma main, ne vit pas d'alliance. Si elle remarqua les éclaboussures de sang sur ma manche, elle n'y fit pas allusion.) Je vais vous manquer, à vous aussi ?

— Il faudra peut-être que je coupe une autre patte à Frank, juste pour pouvoir revenir.

Elle rejeta la tête en arrière et rit. Elle me dit que j'étais drôle, puis elle se rapprocha pour que Frank lui lèche la joue.

J'avais envie de sentir sa langue dans ma bouche. J'avais besoin de savoir si ses lèvres avaient le même goût que le parfum des fleurs.

Je m'avançai et la laissai tomber contre moi, pendant un moment nos deux corps furent collés l'un à l'autre.

Nous partîmes vers la sortie et elle me dit que je devrais revenir un de ces jours.

Je m'arrêtai à la porte, Frank sous le bras, et souris.

— On ne sait jamais. Un de ces jours, je viendrai peut-être vous faire une surprise.

Puis je marchai vers la lumière qui m'attendait de l'autre côté des portes de l'hôpital et je pénétrai dans le soleil brillant de la matinée.

J'avais laissé tourner le moteur de la Vic, et il y faisait donc bien chaud quand nous nous assîmes. Je caressai la petite tête de Frank et le posai sur le plancher pour qu'il puisse lécher ce qui restait du chili du Cowboy Roy.

Le chili n'est peut-être pas ce qu'il y a de mieux comme repas postopératoire, mais Frank était solide. Lui et moi étions unis par un lien qui allait bien au-delà de la relation ordinaire entre homme et chien.

Je considérais Frank comme mon équipier.

Je lui demandai comment il trouvait ce chili.

Épilogue

Le soleil faisait fondre la neige par endroits devant la maison de Whitmer Road.

Les élagueurs et les électriciens s'activaient pour couper les branches et rétablir le courant dans les maisons endommagées par la tempête de neige. Un camion d'une tonne couleur rouille élevait un ouvrier dans une nacelle pour retirer une branche d'un câble électrique abattu.

L'ouvrier coupa la branche avec sa scie et elle tomba dans la rue gelée où son collègue la ramassa. La déchiqueteuse faisait une brusque embardée lorsqu'on y introduisait les branches coupées et éructait des éclats de bois et de glace. Le bruit de la puissante machine, mélangé au rugissement des tronçonneuses dans toutes les rues du quartier, créait une vigoureuse symphonie, assez exaltante pour enthousiasmer même le plus blasé des bûcherons.

À côté de la maison vide entourée de rubans de police se trouvait un jardin à l'abandon, où les broussailles s'entassaient, ainsi que quelques arbres qu'on aurait aussi bien pu couper tout de suite. Des voix criaient au loin pour se faire entendre par-dessus le bruit du matériel lourd.

Dans le garage, une Ford Taurus se mit à s'agiter de gauche à droite jusqu'à ce que le coffre finisse par s'ouvrir avec un grincement sinistre dans le calme de la pièce. Sid l'Angliche en sortit avec des grognements de douleur et d'inconfort.

Il était resté recroquevillé pendant douze heures, peut-être plus. Il n'avait pas de montre et son téléphone était dans la Lexus. Après avoir flingué Doyle, il n'avait pas eu le temps de s'enfuir. Il était monté dans le coffre. Il avait attendu. Il comptait sur l'incompétence de la police pour négliger un détail aussi évident que la voiture, ce qui était très bien.

Je comptais dessus moi aussi.

Sid regarda par la porte vitrée, puis il tituba vers les contours du corps de Doyle dessinés à la craie. Quand il passa devant le frigo, je sortis de l'obscurité et le pulvérisai d'un coup porté à l'oreille droite avec un marteau de couvreur.

Sid s'écroula et sa tête heurta le béton. Le sang jaillit de son oreille et lui coula dans l'œil, couvrant le blanc d'un mince vernis qui ressemblait à du jus de cerises écrasées.

— Ça a l'air de faire vraiment mal, lui dis-je.

J'insérai la partie arrache-clou dans sa bouche et me relevai en le soulevant de toutes mes forces. Je harponnai l'intérieur de sa joue et lui rabattis les dents en arrière, le faisant s'étouffer dans son sang. Sa joue se déchira alors que je le traînais jusqu'à l'avant de la Taurus et lui attachais solidement les mains.

S'il y avait bien une chose en laquelle je croyais fermement, c'était la corde de bonne qualité. Quand on veut acheter une bonne corde, il faut prendre en compte des caractéristiques telles que la résistance à la traction et la flexibilité. Vous n'avez pas envie de voir l'objet s'échapper de votre nœud parce que vous avez choisi une corde minable à un dollar. La qualité supérieure, voilà ce que j'exige d'une corde. Et une connaissance approfondie des nœuds est absolument nécessaire.

Je fis rouler Sid sur le dos et le ligotai au pare-chocs. Du sang se déversa de la blessure, couvrant son visage et son cou comme les lignes sinueuses d'une carte routière. L'oreille de Sid était déformée ; un bloc de cartilage dépassait en un nœud rose de chair tordue. Je lui demandai s'il pouvait m'entendre.

— Tu te souviens de moi, connard ? J'espère vraiment que tu peux m'entendre, salaud d'Angliche.

Je le secouai un bon coup et sa tête bougea. Son œil gauche cligna, puis roula sous la paupière.

— Bon, j'ai bien peur d'avoir d'assez mauvaises nouvelles pour toi, Sid. En fait, elles sont même plutôt très mauvaises. Je ne sais pas trop par où commencer.

Je lui frappai le côté de la tête, son œil s'ouvrit soudain, mais il ne pouvait fixer son attention. Il passait alternativement par divers degrés de conscience.

— Enfin, j'imagine que je vais commencer directement par le pire. Je veux que tu saches que je vais te trancher les jambes à la tronçonneuse, Sid. Tiens, voilà ma Stihl.

Je caressai le petit moteur avec ma main gantée et la jambe de Sid s'agita, il marmonna d'un air pathétique.

— Ah, c'est bon signe. Tu ne peux pas parler, je vois, mais au moins tu comprends ce que je dis. Excellente nouvelle.

Sid continua à battre de l'œil, mais il ne pouvait empêcher le sang d'y couler.

Je me levai et fis le tour du garage. J'avais besoin de me dégourdir les jambes après être resté debout si longtemps en attendant que ce connard sorte du coffre.

J'ôtai le gant de ma main gauche et soulevai mon masque.

— Je dois dire que ton ex-copine avait plutôt bon goût en matière d'alcool.

Je bus une gorgée d'un cocktail que je m'étais préparé dans la cuisine d'Angie, à base de rhum, de tequila et de schnaps au caramel.

— C'est pas très sympa, ce que tu lui as fait, lui tirer dans le nichon.

Sid grogna, tenta de parler.

— C'est pas des façons de traiter une dame.

C'était un sauvage. Une brute dénuée de compassion ou de remords. Il avait bien mérité ce qui l'attendait.

— Tu sais, il y a quelque chose d'absolument fascinant dans le fait de trancher les jambes de quelqu'un à la tronçonneuse. Surtout si le type est encore vivant. Ça risque de ne pas te plaire, mais vu les circonstances, je pense que je suis obligé. (Sid tenta de bouger.) Tout ce qu'il faut, c'est une bonne tronçonneuse, de la corde de bonne qualité et un peu de volonté.

Je m'accroupis et le regardai dans les yeux.

— Je pourrais aussi suggérer un flacon de Percocet pour la douleur. Pas pour toi, bien sûr, mais pour moi. Utiliser une tronçonneuse, c'est du boulot et ça peut faire très mal dans le bas du dos.

Sid reprit conscience à peu près autant que son tympan détruit le lui permettait. Je lui dis qu'un coup comme ça à la tête pouvait rendre un homme bizarre jusqu'à la fin de ses jours. Non qu'il lui en restât tant que ça à vivre.

Je passai mentalement en revue les objets nécessaires.
Tronçonneuse, OK.
Corde de bonne qualité, OK.
Percocet, OK.

J'AVAIS apporté mon vieux radiocassette que je posai sur le dessus du frigo. J'avais l'intention de créer l'ambiance avec un peu de musique de fond, pour me mettre dans l'humeur du moment. J'écrasai la cheville de Sid de tout mon poids et la fis rouler d'avant en arrière sur le béton. Je lui demandai ce qu'il pensait de Sinatra.

La neige tombait par petits blocs, dégringolant des cimes, à mesure que les élagueurs retaillaient les arbres et faisaient tomber les branches. La déchiqueteuse poussait des glapissements odieux mais continuait à déchiqueter, ingurgitant les arbres et produisant de la sciure qui s'envolait au vent et se posait sur la neige de la veille.

Il n'y aurait personne dans les parages pour entendre hurler la tronçonneuse quand je la mettrais en marche, remplissant le garage du parfum grisant de la fumée d'un moteur à deux temps.

Pendant une courte période, j'avais été représentant en tronçonneuses, donc je savais assez bien manier ce genre d'outil.

J'expliquai à Sid qu'il n'allait pas beaucoup aimer cette partie-là de l'opération, mais il l'avait bien cherché en ayant été un aussi sale con. Je lui dis qu'il rejoindrait bientôt son pote Sans Couilles.

— Ah, c'est vrai, tu ne sais probablement pas. Je lui ai explosé la tête avec un fusil de chasse. Je lui ai tiré dessus deux fois aujourd'hui, si on compte la première.

Sid tenta de sourire, tenta de parler. Il s'étouffa et cracha du sang, dit que Johnny était déjà mort.

Je haussai les épaules, il avait peut-être raison.

— Enfin, quand même. On aurait pu travailler ensemble, se partager le fric. Mais non, bande de fils de pute, il a fallu que vous commenciez à découper les gens et à remplir leurs chaussettes de dents.

Sid inspira péniblement et garda l'œil droit ouvert assez longtemps pour que le sang ruisselle sur son menton, tombe sur sa poitrine et disparaisse dans sa chemise.

— N'essaie même pas de me supplier.

Il hocha lentement la tête, comme s'il comprenait. Il fronça les sourcils.

— Je vais tout t'expliquer, Sid.

Et je me lançai dans une leçon détaillée sur la manière dont j'allais le démembrer, étape par étape. J'eus recours à mon discours exercé ; c'était plus qu'il ne méritait, mais cela me rappelait mon passé de représentant, qui avait été la plus belle époque de ma vie.

— Tu vois, c'est quand elle marche plein gaz qu'une tronçonneuse coupe le mieux. Et il faut toujours placer la barre bien droite. Si on coupe en utilisant le haut de la barre de guidage, il faut être très prudent parce que la chaîne essaie de repousser la scie en arrière vers toi, et tout manquement pourrait se traduire par un recul de la lame.

Je dis à Sid que personne n'aimait le recul de la lame.

Je repris ma leçon.

— Si tu utilises le bas de la barre pour couper, la scie s'avance vers le muscle et l'os, et le bord avant de la lame offre un repos naturel pendant qu'on coupe. Ce geste permet à l'utilisateur un meilleur contrôle de l'instrument ; c'est en général la méthode que privilégient les bûcherons comme les pépiniéristes.

Sid commença à marmonner. Il comprenait enfin tout le potentiel de mon boniment de vendeur. Je lui dis qu'il était temps de s'y mettre et que j'espérais qu'il existait un endroit spécial en enfer pour les trouducs dans son genre, qui se servaient de la tête des gens comme cendrier.

Avec mon pouce droit, je plaçai le bouton marche/arrêt en position RAPIDE et j'enclenchai à la fois l'accélérateur et le déblocage de la gâchette. Je secouai la tronçonneuse un bon coup et tirai sur le cordon. Je tirai encore une fois et cette fois le carburateur se remplit aussitôt d'essence, le starter faisant son office. La Stihl faillit se retourner.

Sid tenta de se débattre, mais j'avais prévu ce comportement peu coopératif et j'avais attaché ses pieds au bout d'un vieux banc en bois.

Je mis la radio en marche et attendis que le jazz-band s'anime, déchaînant ses magnifiques instruments de cuivre. La tronçonneuse serrée dans ma poigne intransigeante, le cordon pendouillant, les dents de la lame prêtes à mâcher la chair et la moelle. Frank Sinatra se mit à beugler *New York, New York*, de cette voix puissante et autoritaire qui imposait le respect.

Je chantai en même temps que le chef du Rat Pack, tandis que la Stihl se mettait à rugir lorsque j'eus tiré sur le cordon pour la troisième fois.

— *Start spreading the news...*

Je baissai la visière de mon masque et introduisis la MS 270 Wood Boss dans la chair tendre du quadriceps gauche de Sid Godwin. La Wood Boss s'enfonça dans le muscle et un éclair rouge colora ma visière en brusques giclées lorsque je sciai une artère et que le bas de la chaîne mordit dans l'extérieur de son fémur.

Le corps de Sid bondit et se cabra, opposant une certaine résistance, alors je lui lançai un regard sérieux exprimant ma sincère sympathie, puis je plongeai la partie d'attaque de la barre dans la chair à nu.

Alors que les dents mordaient dans l'os, les artères tranchées projetèrent en l'air de généreuses quantités de sang et je dus m'interrompre pour nettoyer mon masque. Une fois accroupi, je pus examiner mon travail de plus près tandis que ses forces vitales continuaient à jaillir copieusement en giclées rapides, repeignant l'ouvre-porte du garage au-dessus de nous.

Le blanc des yeux de Sid apparut, son corps se secoua méchamment. L'avant de la Taurus remua tandis que du sang se mettait à couler de sa bouche écumante, le bout de sa langue arraché. Il s'étouffa, saigna et mourut sur le béton.

À L'EXTÉRIEUR, une camionnette Chevrolet blanche à la grille défoncée couverte de slogans vantant les mérites de HESEMANN PAYSAGISTE était garée devant la maison. Deux cônes orange étaient placés derrière la camionnette et un autre devant.

Personne ne se posait de question en voyant des cônes orange.

D'une main je portais ma fidèle Stihl dans son étui en plastique, de l'autre la radio.

Frank attendait sur le siège du conducteur et il dansait en rond, tout excité, ménageant encore sa patte, mais de meilleure humeur que je ne m'y attendais.

Je lui dis de dégager puis je m'assis au volant. Le contrecoup de l'antalgique parcourut ma colonne vertébrale d'un frisson de chaleur.

Nous quittâmes la maison de la stripteaseuse morte alors que la nuit tombait et absorbait l'énergie de la journée comme un aspirateur de mille chevaux. La route obscure grouillait de gens affamés soucieux d'échapper à leur vie, remontant l'autoroute à bord de leurs cercueils à essence métalliques, en quête de la délivrance qu'offrirait une bouteille, une pipe ou un sachet de poudre blanche.

Les lumières de St. Louis me hélaient d'une voix semblable à du verre cassé. Je savais que, dans la partie la plus sombre de la ville, des gens se piquaient à l'héroïne et se tiraient dessus. Des femmes étaient violées, des enfants étaient battus et maltraités. Des junkies braquaient des banques pour des aspirants gangsters et des hommes découpaient d'autres hommes dans des garages déserts pour les punir de ce qu'ils avaient fait pour en arriver là.

Frank resta sur mes genoux pendant tout le trajet jusqu'à Blackmore et je garai la camionnette dans l'allée. Je retirai les inscriptions aimantées et les jetai à l'arrière.

Je me penchai à l'intérieur et déplaçai les choses, pour finalement dresser l'inventaire de ce que Doyle avait là-dedans. Quand je regardai dans le rouleau de moquette, ma poitrine se vida de son oxygène.

— Doyle, espèce de fils de pute.

Je trouvai des liasses de billets dans une caisse en bois sous un tas de carrelage, au moins dix mille dollars dans une botte en caoutchouc – plus d'argent que je ne pouvais en compter, caché dans un tas de cônes orange.

Je saisis un immense sac jaune que je pourrais jeter sur mon épaule et le remplis d'argent. C'était le sac dont Doyle se servait jadis pour emporter ses costumes immondes chez le teinturier.

Je m'attendais à être hanté par le visage explosé de Doyle plus longtemps que je ne le voudrais, puis je songeai à l'ordure que je venais de découper en deux et que j'avais laissée ligotée au pare-chocs d'une Ford Taurus.

Le commissaire Caraway n'y regarderait pas de trop près et Ron l'Amish se dirait que Sid avait récolté ce qu'il avait semé.

— Prêt, Frank ?

Je revins à l'avant et saisis le petit merdeux. Quand je regardai sous le siège, mes yeux se posèrent sur une découverte stupéfiante et je ris assez fort pour endommager au moins trois de mes organes internes. Cet enfoiré de Doyle volait vraiment n'importe quoi.

Je tenais la tronçonneuse dans ma main gauche. La droite portait un gros godemiché violet.

Je m'arrêtai près de l'escalier et laissai Frank explorer les environs pour trouver le meilleur endroit où pisser, chier, ou les deux. Il jappait quand il appuyait sur sa patte et je songeai que ce devait être un petit salaud bien vigoureux pour avoir résisté à un tel traumatisme et s'en être remis aussi vite.

Frank leva la patte et lança des giclées de pisse dorée dans la neige.

Nous nous regardâmes, en bas des marches. Nous avions tous deux été maltraités et insultés. Nous avions vu ce que l'humanité avait de pire à offrir et nous avions riposté sur le même plan.

Je déplaçai mon poids d'une jambe vers l'autre et saisis plus fermement la Stihl, plus fermement le gode aussi. Je demandai à Frank s'il était prêt et il aboya, éternua et renifla.

— On y va, Frank.

J'enfonçai les talons de mes bottes dans le bois tandis que mon yorkshire terrier démarrait. Ses blessures le handicapaient en partie, mais rien ne pouvait entamer sa passion pour l'ascension des escaliers.

CATALOGUE TOTEM

199 Keith McCafferty, *La Vénus de Botticelli Creek*
198 Tom Robbins, *Jambes fluettes, etc.*
197 Nathaniel Hawthorne, *La Lettre écarlate*
196 Jennifer Haigh, *Le Grand Silence*
195 Kent Wascom, *Les Nouveaux Héritiers*
194 Benjamin Whitmer, *Les Dynamiteurs*
193 Barry Lopez, *Rêves arctiques*
192 William Boyle, *L'Amitié est un cadeau à se faire*
191 Julia Glass, *Jours de juin*
190 Mark Haskell Smith, *Coup de vent*
189 Trevanian, *L'Été de Katya*
188 Chris Offutt, *Sortis des bois*
187 Todd Robinson, *Une affaire d'hommes*
186 Joe Wilkins, *Ces montagnes à jamais*
185 James Oliver Curwood, *Grizzly*
184 Peter Farris, *Les Mangeurs d'argile*
183 David Vann, *Un poisson sur la Lune*
182 Mary Relindes Ellis, *Le Guerrier Tortue*
181 Pete Fromm, *La Vie en chantier*
180 James Carlos Blake, *Handsome Harry*
179 Walter Tevis, *Le Jeu de la dame*
178 Wallace Stegner, *Lettres pour le monde sauvage*
177 Peter Swanson, *Vis-à-vis*
176 Boston Teran, *Méfiez-vous des morts*
175 Glendon Swarthout, *Homesman*
174 Ross Macdonald, *Le Corbillard zébré*
173 Walter Tevis, *L'Oiseau moqueur*
172 John Gierach, *Une journée pourrie au paradis des truites*
171 James Crumley, *La Danse de l'ours*
170 John Haines, *Les étoiles, la neige, le feu*
169 Jake Hinkson, *Au nom du Bien*
168 James McBride, *La Couleur de l'eau*
167 Larry Brown, *Affronter l'orage*
166 Louisa May Alcott, *Les Quatre Filles du docteur March*
165 Chris Offutt, *Nuits Appalaches*
164 Edgar Allan Poe, *Le Sphinx et autres histoires*
163 Keith McCafferty, *Les Morts de Bear Creek*
162 Jamey Bradbury, *Sauvage*
161 S. Craig Zahler, *Les Spectres de la terre brisée*

160	Margaret Mitchell, *Autant en emporte le vent*, vol. 2
159	Margaret Mitchell, *Autant en emporte le vent*, vol. 1
158	Peter Farris, *Dernier appel pour les vivants*
157	Julia Glass, *Une maison parmi les arbres*
156	Jim Lynch, *Le Chant de la frontière*
155	Edward Abbey, *Le Feu sur la montagne*
154	Pete Fromm, *Comment tout a commencé*
153	Charles Williams, *Calme plat*
152	Bob Shacochis, *Sur les eaux du volcan*
151	Benjamin Whitmer, *Évasion*
150	Glendon Swarthout, *11 h 14*
149	Kathleen Dean Moore, *Petit traité de philosophie naturelle*
148	David Vann, *Le Bleu au-delà*
147	Stephen Crane, *L'Insigne rouge du courage*
146	James Crumley, *Le Dernier Baiser*
145	James McBride, *Mets le feu et tire-toi*
144	Larry Brown, *L'Usine à lapins*
143	Gabriel Tallent, *My Absolute Darling*
142	James Fenimore Cooper, *La Prairie*
141	Alan Tennant, *En vol*
140	Larry McMurtry, *Lune comanche*
139	William Boyle, *Le Témoin solitaire*
138	Wallace Stegner, *Le Goût sucré des pommes sauvages*
137	James Carlos Blake, *Crépuscule sanglant*
136	Edgar Allan Poe, *Le Chat noir et autres histoires*
135	Keith McCafferty, *Meurtres sur la Madison*
134	Emily Ruskovich, *Idaho*
133	Matthew McBride, *Frank Sinatra dans un mixeur*
132	Boston Teran, *Satan dans le désert*
131	Ross Macdonald, *Le Cas Wycherly*
130	Jim Lynch, *Face au vent*
129	Pete Fromm, *Mon désir le plus ardent*
128	Bruce Holbert, *L'Heure de plomb*
127	Peter Farris, *Le Diable en personne*
126	Joe Flanagan, *Un moindre mal*
125	Julia Glass, *La Nuit des lucioles*
124	Trevanian, *Incident à Twenty-Mile*
123	Thomas Savage, *Le Pouvoir du chien*
122	Lance Weller, *Les Marches de l'Amérique*
121	David Vann, *L'Obscure Clarté de l'air*
120	Emily Fridlund, *Une histoire des loups*

119	Jake Hinkson, *Sans lendemain*
118	James Crumley, *Fausse piste*
117	John Gierach, *Sexe, mort et pêche à la mouche*
116	Charles Williams, *Hot Spot*
115	Benjamin Whitmer, *Cry Father*
114	Wallace Stegner, *Une journée d'automne*
113	William Boyle, *Tout est brisé*
112	James Fenimore Cooper, *Les Pionniers*
111	S. Craig Zahler, *Une assemblée de chacals*
110	Edward Abbey, *Désert solitaire*
109	Henry Bromell, *Little America*
108	Tom Robbins, *Une bien étrange attraction*
107	Christa Faust, *Money Shot*
106	Jean Hegland, *Dans la forêt*
105	Ross Macdonald, *L'Affaire Galton*
104	Chris Offutt, *Kentucky Straight*
103	Ellen Urbani, *Landfall*
102	Edgar Allan Poe, *La Chute de la maison Usher et autres histoires*
101	Pete Fromm, *Le Nom des étoiles*
100	David Vann, *Aquarium*
99	*Nous le peuple*
98	Jon Bassoff, *Corrosion*
97	Phil Klay, *Fin de mission*
96	Ned Crabb, *Meurtres à Willow Pond*
95	Larry Brown, *Sale boulot*
94	Katherine Dunn, *Amour monstre*
93	Jim Lynch, *Les Grandes Marées*
92	Alex Taylor, *Le Verger de marbre*
91	Edward Abbey, *Le Retour du gang*
90	S. Craig Zahler, *Exécutions à Victory*
89	Bob Shacochis, *La femme qui avait perdu son âme*
88	David Vann, *Goat Mountain*
87	Charles Williams, *Le Bikini de diamants*
86	Wallace Stegner, *En lieu sûr*
85	Jake Hinkson, *L'Enfer de Church Street*
84	James Fenimore Cooper, *Le Dernier des Mohicans*
83	Larry McMurtry, *La Marche du mort*
82	Aaron Gwyn, *La Quête de Wynne*
83	Larry McMurtry, *La Marche du mort*
82	Aaron Gwyn, *La Quête de Wynne*
81	James McBride, *L'Oiseau du Bon Dieu*

80	Trevanian, *The Main*
79	Henry David Thoreau, *La Désobéissance civile*
78	Henry David Thoreau, *Walden*
77	James M. Cain, *Assurance sur la mort*
76	Tom Robbins, *Nature morte avec Pivert*
75	Todd Robinson, *Cassandra*
74	Pete Fromm, *Lucy in the Sky*
73	Glendon Swarthout, *Bénis soient les enfants et les bêtes*
72	Benjamin Whitmer, *Pike*
71	Larry Brown, *Fay*
70	John Gierach, *Traité du zen et de l'art de la pêche à la mouche*
69	Edward Abbey, *Le Gang de la clef à molette*
68	David Vann, *Impurs*
67	Bruce Holbert, *Animaux solitaires*
66	Kurt Vonnegut, *Nuit mère*
65	Trevanian, *Shibumi*
64	Chris Offutt, *Le Bon Frère*
63	Tobias Wolff, *Un voleur parmi nous*
62	Wallace Stegner, *La Montagne en sucre*
61	Kim Zupan, *Les Arpenteurs*
60	Samuel W. Gailey, *Deep Winter*
59	Bob Shacochis, *Au bonheur des îles*
58	William March, *Compagnie K*
57	Larry Brown, *Père et Fils*
56	Ross Macdonald, *Les Oiseaux de malheur*
55	Ayana Mathis, *Les Douze Tribus d'Hattie*
54	James McBride, *Miracle à Santa Anna*
53	Dorothy Johnson, *La Colline des potences*
52	James Dickey, *Délivrance*
51	Eve Babitz, *Jours tranquilles, brèves rencontres*
50	Tom Robbins, *Un parfum de jitterbug*
49	Tim O'Brien, *Au lac des Bois*
48	William Tapply, *Dark Tiger*
46	Mark Spragg, *Là où les rivières se séparent*
45	Ross Macdonald, *La Côte barbare*
44	David Vann, *Dernier jour sur terre*
43	Tobias Wolff, *Dans le jardin des martyrs nord-américains*
42	Ross Macdonald, *Trouver une victime*
41	Tom Robbins, *Comme la grenouille sur son nénuphar*
40	Howard Fast, *La Dernière Frontière*
39	Kurt Vonnegut, *Le Petit Déjeuner des champions*
38	Kurt Vonnegut, *Dieu vous bénisse, monsieur Rosewater*

37	Larry Brown, *Joe*
36	Craig Johnson, *Enfants de poussière*
35	William G. Tapply, *Casco Bay*
34	Lance Weller, *Wilderness*
33	Trevanian, *L'Expert*
32	Bruce Machart, *Le Sillage de l'oubli*
31	Ross Macdonald, *Le Sourire d'ivoire*
30	David Morrell, *Rambo*
29	Ross Macdonald, *À chacun sa mort*
28	Rick Bass, *Le Livre de Yaak*
27	Dorothy M. Johnson, *Contrée indienne*
26	Craig Johnson, *L'Indien blanc*
25	David Vann, *Désolations*
24	Tom Robbins, *B comme Bière*
23	Glendon Swarthout, *Le Tireur*
22	Mark Spragg, *Une vie inachevée*
21	Ron Carlson, *Le Signal*
20	William G. Tapply, *Dérive sanglante*
19	Ross Macdonald, *Noyade en eau douce*
18	Ross Macdonald, *Cible mouvante*
17	Doug Peacock, *Mes années grizzly*
15	Tom Robbins, *Féroces infirmes retour des pays chauds*
14	Larry McMurtry, *Texasville*
13	Larry McMurtry, *La Dernière Séance*
12	David Vann, *Sukkwan Island*
11	Tim O'Brien, *Les Choses qu'ils emportaient*
10	Howard McCord, *L'Homme qui marchait sur la Lune*
8	Larry McMurtry, *Lonesome Dove*, épisode II
7	Larry McMurtry, *Lonesome Dove*, épisode I
6	Rick Bass, *Les Derniers Grizzlys*
5	Jim Tenuto, *La Rivière de sang*
4	Tom Robbins, *Même les cow-girls ont du vague à l'âme*
3	Trevanian, *La Sanction*
2	Pete Fromm, *Indian Creek*
1	Larry Watson, *Montana 1948*

Retrouvez l'ensemble de notre catalogue sur
www.gallmeister.fr

CET OUVRAGE A ÉTÉ COMPOSÉ PAR
ATLANT'COMMUNICATION
AU BERNARD (VENDÉE).

ACHEVÉ D'IMPRIMER EN NOVEMBRE 2021 SUR LES PRESSES
DE NORMANDIE ROTO IMPRESSION S.A.S., 61250 LONRAI
POUR LE COMPTE DES ÉDITIONS GALLMEISTER
13, RUE DE NESLE, 75006 PARIS

IMPRIMÉ EN FRANCE

DÉPÔT LÉGAL : MAI 2019
N° D'IMPRESSION : 2105800